KARL WEIHE
Was ist Pietismus?
Das Leben des Pfarrers Hartog

T0161611

EDITION PIETISMUSTEXTE (EPT)

Im Auftrag der Historischen Kommision zur Erforschung
des Pietismus herausgegeben von Hans-Jürgen Schrader,
Günter Balders und Christof Windhorst

Band 2

Die „Edition Pietismustexte" ist die neue Folge
der Serie „Kleine Texte des Pietismus".

Karl Weihe

Was ist Pietismus?

Das Leben und Wirken des Pfarrers Gottreich Ehrenhold Hartog (1738 – 1816)

Herausgegeben von Christof Windhorst

 EVANGELISCHE VERLAGSANSTALT
Leipzig

Verantwortlicher Redakteur dieses Bandes:
Günter Balders

Die Deutsche Bibliothek verzeichnet diese Publikation in der
Deutschen Nationalbibliographie; detaillierte bibliographische
Daten sind im Internet über http://dnb.ddb.de abrufbar

© 2010 by Evangelische Verlagsanstalt GmbH · Leipzig
Printed in Germany · H 7380

Das Buch wurde auf alterungsbeständigem Papier gedruckt.

Umschlag und Innenlayout: behnelux gestaltung, Halle
Umschlagbild: Gottreich Ehrenhold Hartog (1738–1816)
Bildnachweis: Frontispiz in: G. E. Hartog, Predigten, 2. Aufl.
Paderborn 1836.

Gesamtherstellung: Druckerei Böhlau, Leipzig

ISBN 978-3-374-02798-9
www.eva-leipzig.de

Inhalt

Gottreich Ehrenhold Hartog, der als wohlverdienter
Prediger auf der Radewig
in Herford [...] 1816 gestorben,
in seinem Leben und Wirken geschildert:
nebst Beantwortung einiger Fragen über Pietismus.

Gottreich Ehrenhold Hartog[1],

der als wohlverdienter Prediger auf der Radewig in Herford,
nach funfzigjähriger Amtsführung im 78sten Lebensjahre
den 2ten Januar 1816 gestorben,

in seinem Leben und Wirken

geschildert:

nebst Beantwortung einiger Fragen
über

Pietismus

von

Karl Weihe[2],
Prediger zu Mennighüffen im Fürstenthum Minden.

Herford, 1820.
Gedruckt bei Joh. Heinr. Wenderoth.

---

1   *Gottreich Ehrenhold Hartog:* (1738–1816), 1763–1769 Pfarrer in Löhne;
    1769–1814 Pfarrer an der St. Jakobikirche zu Herford-Radewig; vgl.
    Bauks, 184, Nr. 2331; Christian Peters, Zur Vorgeschichte Volkenings. Die
    Frommen Minden-Ravensbergs auf dem Weg ins 19. Jahrhundert, in: PuN
    30, 2004, 62–90, besonders 76–78; Christof Windhorst: Gottreich Ehren-
    hold Hartog (1738–1816). Schüler Friedrich August Weihes und Freund
    der Herrnhuter, in: JWKG 105, 2009, 161–189.
2   *Karl Weihe:* Karl Justus Friedrich Weihe (1752–1829), seit 1774 bis zu sei-
    nem Tod Pfarrer in Mennighüffen, heute ein Stadtteil von Löhne in West-
    falen, vgl. Bauks, 542, Nr. 6736 a; vgl. Anm. 179.

Zu finden
in Minden bei dem Buchhändler Herrn Körber,
Bielefeld bei dem Buchhändler Herrn Helmig,
Herford bei dem Buchhändler Hrn. Hoffmann.
(Preis 6 Ggr., geheftet.)

Vorwort

Es ist vielleicht nicht schwer von Menschen, die sich auf irgend eine Art ausgezeichnet haben, Anekdoten und Karakter=Züge zu sammeln, die ihnen zur Ehre gereichen, und dem Leser Vergnügen und Belehrung gewähren. Wer aber von eben diesen Menschen eine Lebensbeschreibung oder Karakter=Schilderung entwerfen wollte, der könnte leicht damit in Verlegenheit kommen, wenn er sie ganz so darstellen sollte, wie sie im würklichen Leben erschienen. Man kann große Talente besitzen, und diese gut genug ausgebildet haben – man kann als Gelehrter, als Geschäftsmann, als Kriegsheld, als Redner, als Dichter, als Künstler, sogar als Schauspieler berühmt geworden seyn – man kann eine glänzende Aussenseite haben, und durch einzelne ruhmwürdige Handlungen die Augen der Zeitgenossen auf sich ziehen: aber der Karakter manches gepriesenen Mannes hat auch seine Schattenseite, und zeigt solche Flecken, daß das Ganze seines Lebens nicht geeignet ist, als Muster für die Nachwelt aufgestellt zu werden. Wenn es übrigens anerkannt ist, daß man sich aus Exempeln besser belehrt, als aus trockenen Vorschriften, und daß gute Vorbilder immer stärker und glücklicher auf uns wirken, als die trefflichsten Lebensregeln: so ist es gewiß keine undankbare Arbeit, Menschen, die zu ihrer Zeit und in ihrem Kreise ein Licht der Welt waren, als solche bekannt zu machen, und wenn sie in einer gewissen Verborgenheit lebten, aus diesem Dunkel hervorzuziehen, damit ihr Licht sich weiter verbreite[3], und auch nach ihrem Tode noch leuchte. Hat irgend ein

---

3   *ein Licht der Welt … damit ihr Licht sich weiter verbreite:* vgl. Mt 5,14–16.

würdiger Mann da, wo er lebte und wirkte, sich Achtung erworben, und vielen Nutzen gestiftet, so werden diejenigen, die ihn kannten und zu schätzen wußten, sich nicht nur seiner noch lange dankbar erinnern; sondern auch gern ein Bild von ihm aufbewahren – ich meine nicht ein Gemälde, Schattenriß oder Kupferstich – sondern ein Bild seines Geistes und Karakters, eine Darstellung dessen, was er war und wirkte, um in der Betrachtung desselben manche alte Eindrücke zu erneuren und zu beleben. Wenn man mehrere Bilder berühmter Männer betrachtet, so kann jedes in seiner Art schön und anziehend seyn, und doch ist keins dem andern ganz änlich. Man könnte vielleicht glauben, daß wenigstens fromme und rechtschaffene Prediger sich überall gleich wären, und von jedem derselben nicht viel besonderes zu sagen sey: allein so weit meine Beobachtung reicht, habe ich es doch anders gefunden, und unter denen, die ich kennen lernte, manche Verschiedenheit bemerkt. Hat man schon in der ersten christlichen Kirche die Gaben des Geistes ungleich verteilt, und sie doch zum gemeinen Nutzen wirkend gefunden[4]: so darf man sich nicht wundern auch jetzt unter würdigen und brauchbaren Lehrern die Gaben in einer großen Mannigfaltigkeit zu finden; und so zeichnet sich der eine in diesem, der andere in jenem Stück vorzüglich aus. Auch ist es immer interessant zu bemerken, wie jeder durch sein Talent gewirkt, was jeder für Hindernisse oder für Förderungen hatte – wie er die ersten bekämpft und überwunden, die andern benutzt hat, – wie der Zeitgeist auf ihn gewirkt, oder wie er sich gegen den Einfluß desselben verwahrt hat.

Daher darf ich hoffen nichts überflüssiges zu thun, wenn ich die Lebensbeschreibung und Karakter=Schilderung eines Mannes unternehme, der im Leben unter

---

4   *Hat man schon ... wirkend gefunden:* vgl. Röm 12,3–8; 1 Kor 12,1–31.

seinen Zeitgenossen, in so fern sie ihn kannten und seinen Werth zu schätzen wußten, sehr geachtet war, und dessen Andenken noch lange im Segen bleiben wird.

Dieser Mann ist wol oft als ein Pietist bezeichnet worden, wodurch er sich eben so wenig beleidigt gehalten, als er es zu widerlegen versucht hat. Indessen finde ich mich dadurch veranlaßt, seiner Lebensbeschreibung etwas über Pietismus vorangehen zu lassen, was mir selbst auf dem Herzen lag, besonders seitdem ich *Krausens* Briefe[5] über diesen Gegenstand gelesen hatte, der mir doch weder in diesen Briefen, noch in *Duttenhofers* Schrift über Pietismus und Orthodoxie[6] ins rechte Licht gesetzt zu seyn scheint. Nicht daß ich es unternähme die Sache des Pietismus von Grund aus zu untersuchen oder vollständig zu erörtern; eben so wenig bin ich gesonnen Herrn Krause in seinen Wortreichen Darstellungen Schritt vor Schritt zu folgen. Vielmehr möchte ich zur richtigen Beurtheilung dessen, was man so gern Pietismus nennt, nur Beiträge liefern, nur Fingerzeige geben, um meine Leser auf den rechten Standpunkt zu führen, von welchem meines Bedünkens die Sache anzusehen ist, wenn man unparteiisch darüber richten will. Wobei ich nur noch bemerke, daß ich unter Menschen dieser Art aufgewachsen bin[7], und daß ich sie

---

5 *Krausens Briefe:* Georg Wilhelm Krause, Historische und psychologische Bemerkungen über Pietisten und Pietismus, Crefeld (ter Meer), 1804.

6 *Duttenhofers Schrift über Pietismus und Orthodoxie:* Christian Friedrich Duttenhofer (1742–1814); Aufklärungstheologe, seit 1806 Generalsuperintendent in Heilbronn, verfasste: Freymüthige Untersuchungen über Pietismus und Orthodoxie, Halle (Gebauer) 1787; s. unten Anm. 145.

7 *dass ich unter Menschen dieser Art aufgewachsen bin ... unter verschiedenen Umständen:* das ist einerseits eine Anspielung auf sein Elternhaus, das durch Karl Justus Friedrich Weihes Vater, Pastor Friedrich August Weihe in Gohfeld (heute Ortsteil von Löhne in Westfalen), von pietistischem Geist geprägt war und in dem viele junge Theologen verkehrten, andererseits wahrscheinlich auf seine Beziehungen während der Studienzeit in Halle und die dorthin noch bestehenden Verbindungen dieses gelehrten Pfarrers Karl Justus Friedrich Weihe in Mennighüffen, heute auch ein Ortsteil von Löhne in Westfalen. Vgl. Peters, Vorgeschichte, 67–79; 87–89.

nachher wenigstens ein halbes Jahrhundert hindurch ziemlich unbefangen zu beobachten Gelegenheit gehabt habe; und zwar nicht nur an einem Ort oder Gegend, sondern in verschiedenen Ländern, und unter verschiedenen Umständen. Sie haben viel auf mich und ich auf sie gewirkt; ich habe mir immer ein freies Urteil über ihr Gutes und Mangelhaftes vorbehalten, ohne mich viel darum zu bekümmern, ob sie selbst oder andere mich zu ihnen rechnen möchten.

Beantwortung einiger Fragen über Pietismus.

Erste Frage.

Was ist Pietismus? und *wer* sind die Leute, die man Pietisten zu nennen gewohnt ist? Was wollen sie seyn, und wofür wollen sie gehalten seyn? Was sagen sie von sich selbst?

Ich habe, so weit meine Kenntniß von ihnen reicht, nichts anders finden können, als daß sie sich bestreben wahre und rechtschaffene Christen zu seyn, sowol in dem, was sie glauben, als in Gesinnung und Wandel. Sie wollen die Religion aus dem blossen Wissen und der Spekulation, so wie aus dem äussern Cultus ins würkliche Leben einführen. Unterscheiden wollen sie sich nur von Namen=Christen. Bekanntlich macht die Bibel von Anfang bis zu Ende einen scharf bezeichneten Unterschied zwischen Frommen und Gottlosen[8], Gläubigen und Ungläubigen[9], Gerechten und Ungerechten[10], Heiligen und Unheiligen[11], Kindern des Lichts und Kindern der Finsterniß[12], Knechten und Kindern Gottes, und Knechten der Sünde und des Teuffels[13] – zwischen denen die den breiten Weg zur Verdammniß, und denen

---

8   *die Bibel von Anfang bis zu ... Unterschied zwischen Frommen und Gottlosen:* für die im Text folgenden Gegensatzpaare können in Anm. 8 bis 13 aus der Fülle der möglichen Schriftstellen nur einige wenige Beispiele angeführt werden: vgl. Gen 4,7; 6,9–13; 17,2; Hiob 9,22; Psalm 1; 32,10–11; 36,11–12; 84,11–12; Ez 18,21–23; Röm 1,18; 4,5; 5,6.

9   *Gläubigen und Ungläubigen:* vgl. Mk 9,19–24; Lk 1,17; Joh 20,27; Röm 4,3.13–21; 6,17–23; 2 Kor 6,14–15; Gal 3,6–14.

10 *Gerechten und Ungerechten:* vgl. Gen 18,22–32; Ez 22,15.19; Mt 5,45; Lk 18,10–14; Röm 6,17–23.

11 *Heiligen und Unheiligen:* vgl. (von „Sachen"): Lev 10,10; Ez 22 26; 44,23; (von Personen) Ps 4,4; 12,2; 16,3; 43,1; Act 2,27; 1 Tim 1,9.

12 *Kindern des Lichts und Kindern der Finsterniß:* Vgl. Jes 9,1; Mt 5,14; Eph 5,8–11; 1 Petr 2,9; 1 Thess 5,5.

13 *Knechten und Kindern Gottes, und Knechten der Sünde und des Teuffels:* vgl. Joh 1,12; Mt 25,14–30; Röm 6,16–22; 1 Joh 3,10.

die den schmalen Weg zum Leben wandeln[14] – zwischen
solchen, die sich nur äusserlich zu Christo bekennen,
und solchen, die ihm würklich anhangen und nachfol-
gen, und die er nur allein für die Seinen erkennt, und
5 am Gerichtstage dafür bekennen wird[15]. – Zwischen irrdisch und himmlisch, fleischlich und geistlich gesinnten
Menschen[16]. Ein Unterschied von welchem man gestehen muß, daß er auf vielen Kanzeln wenig berührt, und
im würklichen Leben der Menschen fast ganz über-
10 sehen wird, so wie man ihn auch nicht gern erwähnen
hört. Nun haben die Leute, die man Pietisten nennt,
keine andere Prätension[17], als daß sie gern zu den
Frommen, Gläubigen, Gerechten, Kindern Gottes – zu
den Heiligen, Auserwählten, – zu den ächten Jüngern
15 und Nachfolgern Jesu gehören, den schmalen Weg
zum Himmel betreten, dem Kleinod der himmlischen
Beruffung nachjagen[18], und unter denen seyn möchten,
die da glauben und die Seele erretten[19]. –

Nie habe ich eine andere Tendenz oder Anmaßung bei
20 diesen Leuten finden können, und in allen Erbau-
ungs=Büchern, die bei ihnen in Gebrauch und Ansehen

---

14 *die den breiten Weg zur Verdamniß, ... den schmalen Weg zum Leben wandeln:* vgl. Mt 7,13–14; s. auch unten S. 41. Die kontrastive Darstellung zwischen der Straße zum „Weltsinn" und dem steilen Pfad zum „Reich Gottes" war das verbreitetste Missionsplakat des 19. Jahrhunderts. Als Tite-
lei noch reproduziert in Johannes Goßner (1773–1858): Das Herz des
Menschen, 45. Aufl., Lahr-Dinglingen 1990 mit dem Erläuterungs-Poem:
„Der breite und der schmale Weg – schmaler Pfad und breiter Weg! / Gott
stellt dich vor beide, / und sein Wort ergeht an dich / ‚Pilger, auf, ent-
scheide!' / Beider Ziel ist dir bekannt, / wähle denn und wandre! Führt der
eine dich zum Licht, / Führt in Nacht der andre."
15 *die sich nur äusserlich zu Christo bekennen ... und am Gerichtstage dafür
bekennen wird:* vgl. Mt 7,21; 10,32; Joh 10,14.
16 *Zwischen irrdisch ... gesinnten Menschen:* vgl. Röm 8,5–9; 1 Kor 15,40.46–
49; 2 Kor 5,1.
17 *Prätension:* Forderung, Anspruch (Heuberger 1818, 464).
18 *dem Kleinod der himmlischen Beruffung nachjagen:* Phil 3,12–14.
19 *unter denen seyn ... Seele erretten:* Hebr 10,39.
20 *Erbauungs=Büchern ... und Ansehen sind:* dazu dürften gehören z. B.:
Johann Arndt, Vier (Sechs) Bücher vom wahren Christentum, das seit
1610 in immer neuen Auflagen erschienen war (vgl. Anm. 38), und Carl

sind[20], wird blos hierauf gewirkt und hingewiesen. Daher ist es eine grundfalsche Vorspiegelung, daß der Pietismus etwas neues sey, und sich nur aus den Zeiten Speners[21] und Frankens[22] herschreibe. Mag es immer wahr seyn, daß ein frommer Sinn, vorzüglich in Deutschland, durch diese trefflichen Männer geweckt und belebt ist, und sie auf die Beförderung eines praktischen Christenthums sehr glücklich und weit hin gewirkt haben; aber ich will eben so gut behaupten, daß der Pietismus so alt ist, als das Menschengeschlecht. In jenem Abel, der nicht wie sein Bruder Kain bei äußerer Gottesverehrung stehen blieb[23], sondern Gott in Geist und Wahrheit mit frommen Sinn verehrte[24] – der von Gott deßhalb wohlgefällig ausgezeichnet wurde, – der als ein Märtyrer seiner Frömmigkeit starb, 1 Joh. 3, 12,: in ihm finden wir schon den ersten Pietisten, und nach ihm in Henoch, der ein göttlich Leben führte und früh vollendet wurde[25].

Heinrich von Bogatzky, Güldenes Schatzkästlein der Kinder Gottes, 1718, hier unter dem Titel: „Des Güldnen Schatzkästleins Erster und Zweyter Theil in eins gebracht, und zu einem Biblischen Gebetbuche über alle darin befindliche Sprüche der heiligen Schrift eingerichtet, daß es auf alle Morgen und Abend des ganzen Jahres zu gebrauchen. Zu allgemeinem Nutzen aufgesetzt von Carl Heinrich Bogatzky. Halle, im Verlag des Waisenhauses, 1771. und beim Buchbinder Hoffmann in Herford." (Dort gab es auch das Buch von Karl Weihe über G. E. Hartog.) – Carl Heinrich Bogatzky (1690–1774), aus ungarisch-schlesischem Adel, Mitarbeiter von August Hermann Francke, erfolgreich als Erbauungsschriftsteller; vgl. Martin Brecht, Der Hallische Pietismus in der Mitte des 18. Jahrhunderts, S. 326–327.

21 *Spener:* Philipp Jakob Spener, 1635–1705, wurde besonders durch seine Schrift zur Erneuerung der Kirche berühmt: PIA DESIDERIA: Oder Hertzliches Verlangen / Nach Gottgefälliger Besserung der wahren Evangelischen Kirchen / sampt einigen dahin einfältig abzweckenden Christlichen Vorschlägen Philipp Jacob Speners D. Predigers und Senioris zu Franckfurt am Mayn [...] M DC LXXVI. In: Die Werke Philipp Jakob Speners. Studienausgabe. In Verbindung mit Beate Köster hg. v. Kurt Aland, Bd. I: Die Grundschriften. Teil 1, Giessen, Basel 1996, (55) 86–256.

22 *Frankens:* August Hermann Francke, 1663–1732, förderte besonders eine an der Bibel orientierte Frömmigkeit und christliche Praxis, Begründer der Halleschen Anstalten „als Keimzelle einer ‚Generalreformation der Welt'" (Bernd Oberdorfer, in: EKL[3] 5,184).

23 Gen 4,2–8.

24 *Gott in Geist und Wahrheit mit frommen Sinn verehrte:* vgl. Joh 4,23 f.

25 *Henoch, der ... vollendet wurde:* vgl. Gen 5,21–24; Hebr 11,5.

Mit eben dem Recht könnte ich auch Abraham, den Vater der Gläubigen[26] dahin rechnen, und sonderlich David[27], auf dem ich hernach noch zurück kommen werde, so wie unter den Propheten vorzüglich Jeremias viele
5 Züge zu dem Bilde eines Pietisten liefert. Das Wesentliche des Pietismus läßt sich gewiß durch alle Zeiten des Christenthums nachweisen, obgleich derselbe nach Zeit und Umständen Form und Gestalt mannigfaltig verändern konnte, je nachdem die Lehrsysteme, oder die Phi-
10 losophie, oder die Ascetik[28], oder die Kirchen=Verfassung, oder auch die äußern Verhältnisse anders waren. Der *Name Pietisten* mag neu seyn, aber die Sache ist eben so alt als die Frömmigkeit selbst, von welcher ja dieser Name entlehnt ist,[29] der nichts anders ausdrü-
15 cken kann und soll, als daß er Leute bezeichnet, die sich einer vorzüglichen Frömmigkeit befleißigen. Auch ist dieser Name nicht einmal allgemein angenommen, oder im Gebrauch: denn eben die Menschen, die man hie und da Pietisten nennt, heißen anderswo schlechthin die
20 *Frommen*, oder auch die Stillen im Lande[30], die Heiligen, die Bätbrüder, die Feinen, die Bekehrten, – auch

---

26 *Abraham, den Vater der Gläubigen:* vgl. Röm 4,1.12.16–18.
27 *David:* 2 Sam 2,1–7; 5,1–5: David wird König über Juda und Israel. Ihm werden die so genannten Davidspsalmen zugeschrieben: Ps 3–41; 51–72; 108–110; 140–143; vgl. auch unten S. 27.
28 *Ascetik:* „die Lehre, wie man sich in der Gottseligkeit [d. i. die christliche Frömmigkeit, Hg.] üben soll", Heuberger, 60.
29 *Name Pietisten … Name entlehnt ist:* aus dem Lateinischen: pius = fromm, pietas = Frömmigkeit. „Pietisten" ist ursprünglich ein Spottname für fromme Studenten in Leipzig 1689, erfuhr aber positive Deutung z. B. durch zwei Gedichte des Leipziger Professors der Poesie Joachim Feller, ebenfalls 1689: „Es ist jetzt stadtbekannt der Nam' des Pietisten. / Was ist ein Pietist? Der Gottes Wort studiert / Und nach demselben auch ein heilig Leben führt. / Das ist ja wohl getan, ja wohl von jedem Christen." – „Ich habe jüngst gedacht der hiesgen Pietisten. / Und zwar im Grundverstand und sonder Ketzerey. / Und wo ist Ketzerey? Der Nam' ist auch nicht neu,/ Und brauchbar, wie man nennt von Jure die Juristen: / Ich selbsten will hiemit gestehen ohne Scheu, / Daß ich ein Pietist ohn' Schmeich' und Heucheln sey." Zit. n. Brecht, Einleitung, in: GdP 1, 4.
30 *die Stillen im Lande:* vgl. 1 Tim 2,2; 1 Petr 3,3 f. – Bezeichnung für Erweckte und Fromme, Pietisten.

wohl Kopfhänger, Schwärmer – in Schlesien Mucker – hier zu Lande hießen sie sonst die Quäcker, aus Mißverstand und Verwechslung mit den Quäckern in England[31]. Ich wundere mich billig, daß man hiebei der Methodisten in England[32] so wenig erwähnt, die doch mit 5 den Pietisten so viele Änlichkeit haben, und für welche Withefield[33] und Weßley[34] das gewesen sind, was Franke und Spener für die Deutschen waren.

10

Zweite Frage.
Sind Pietisten eine besondere Sekte oder Religions=Parthey?

Man hat ihnen häufig die Ehre oder Unehre angethan, 15 sie als eine solche vorzustellen: aber wie ich glaube, mit Unrecht; denn ich finde nichts von dem bei ihnen, was

---

31 *Quäckern in England:* Die „Religiöse Gesellschaft der Freunde" entstand in der Mitte des 17. Jh. unter der Leitung von George Fox (1624–1691) auf separatistischem Hintergrund mit spiritualistischem Charakter in England. Weil sie unter der unmittelbaren Wirkung des Geistes zitterten, hießen sie Quaker oder Quäker. Quäker setzen sich für die Freiheit und Vielfalt der Glaubenspraxis ein; vgl. Wilmer A. Cooper, Art. Quäker, in: TRE 28, 1997, 35–41. Karl Justus Weihe wandte sich 1792 in einem „Offenen Schreiben" gegen die Quäkersiedlung Friedenthal bei Pyrmont; vgl. Peters, Erweckung, 180 Anm. 33.

32 *Methodisten in England:* zur Erweckungsbewegung innerhalb der Kirche von England gehörende Theologen und Laien, die eine Erneuerung der Kirche anstrebten. Zu den Begründern der methodistischen Bewegung gehören John (1703–1791) und Charles (1707–1788) Wesley. Die von Gegnern der Bewegung gegebene Bezeichnung „Methodisten" war negativ gemeint und bezog sich auf ein methodisches Vorgehen im Bibelstudium und der Ausübung des praktischen Christentums auf dem Wege zur Gewissheit des Heils. Gegen Ende des 18. Jahrhunderts kam es zur Bildung eigener methodistischer Kirchen. Vgl. Hans Hauzenberger, Art. Methodismus/Methodisten, in: ELThG 2, 1993, 1335–1337; – William Reginald Ward, Art. Wesley, in: TRE 35, 2003, 657–662.

33 *Withefield:* George Whitefield (1714–1770) schloss sich nach einem Bekehrungserlebnis 1735 der methodistischen Bewegung an, wurde Priester der Church of England, lebte „als Wanderprediger der brit. Inseln und Nordamerikas" und prägte eine eigene Form des Evangelikalismus; vgl. Timothy D. Hall, Art. Whitefield, George, in: RGG⁴ 8, 2005, 1507 f.

34 *Weßley:* Hier ist wahrscheinlich John Wesley gemeint, siehe Anm. 32.

sonst eine Sekte bezeichnet. Hier ist kein Parthey=Stifter, kein Sekten=Haupt wie Menno Simon[35], Zinzendorff[36], oder William Penn[37]; und ob man gleich häuffig Franken und Spener dazu erheben will, so geschieht doch dieses ohne hinreichenden Grund, und tausende frommer Christen haben gelebt und leben noch, die diese theuren Männer kaum dem Namen nach kennen, und von ihren Schriften nichts gelesen haben. Gewiß ist Arndts wahres Christenthum[38], und viele bekannte Predigt=Sammlungen von Heinrich Müller[39], Heinrich Schubert[40], Rieger[41], Scriver[42], Lorenz[43], Trescho[44], so

---

35 *Menno Simon:* Menno Simons (1495/96–1561), zunächst katholischer Priester, nach seiner Glaubenstaufe 1536 bedeutender Täuferführer, sammelte die täuferisch Gesinnten, die sich zunächst Mennisten, im 17. Jh. nur noch Mennoniten nannten, nach der Katastrophe des Täuferreiches von Münster 1534/35 an verschiedenen Orten; weithin bekannt durch seine täuferischen Schriften.

36 *Zinzendorff:* Nikolaus Ludwig Reichsgraf von Zinzendorf und Pottendorf (1700–1760), Gründer und Zentralgestalt der Herrnhuter Brüdergemeine; vgl. Meyer, Zinzendorf und Herrnhut, in: GdP 2,5–106.

37 *William Penn:* 1644–1718, Gründer von Pennsylvania, Kämpfer für religiöse Toleranz, führender Quäker; vgl. Jane E. Calvert, Art. Penn, in: RGG 4. Aufl., 6, 2003, 1086–1087.

38 *Arndts wahres Christenthum:* Johann Arndt (1555–1621), lutherisch geprägter Theologe, Pfarrer in Ballenstedt, Badeborn, Quedlinburg, Braunschweig und Eisleben, zuletzt Generalsuperintendent des Fürstentums Braunschweig-Lüneburg (1611–1621), einer der meistgelesenen deutschen Erbauungsschriftsteller des 17. und 18 Jh. mit den „Vier Büchern vom wahren Christentum", entstanden 1605 bis 1610, postum aus seinen Schriften ergänzt auf „Sechs Bücher..."; 1612 erschien das „Paradiesgärtlein voller christlicher Tugenden", eine Darstellung der christlichen Lehre in Form von Gebeten, oft mit den Sechs Büchern vom Wahren Christentum zusammen aufgelegt, letzte Auflage: Bielefeld 1996; vgl. Brecht, Das Aufkommen der neuen Frömmigkeitsbewegung in Deutschland, in: GdP 1,134–151.

39 *Heinrich Müller:* 1631–1675, evangelischer Pastor und Theologieprofessor in Rostock, renommierter Prediger, Liederdichter und Erbauungsschriftsteller; vgl. Brecht, Das Aufkommen der neuen Frömmigkeitsbewegung, 173–175; vgl. Heinrich Müller: Gott ist mein Gut. Eine Auswahl aus den geistlichen Erquickstunden. Eingeleitet und hg. v. Rudolf Mohr, Stuttgart 1964 (Steinkopf Hausbücherei 31).

40 *Heinrich Schubert:* 1692–1757, Prediger an der Heilig-Geist-Kirche zu Potsdam, Verfasser der „Land-, Kirchen- und Hauspostille [...], die seit 1749 in mehreren Auflagen auch in Minden-Ravensberg gebraucht wurde; vgl. Peters, Israel Clauder, 124 Anm. 647 und ders., Erweckung, 213.

wie Bogazky[45] Schriften, nebst vielen ältern und neuern in mehreren Händen als die Schriften jener Männer. Die Leute, die man Pietisten nennt, haben keine besondere ihnen eigenthümliche Lehrsätze, wie z. E. Mennonisten[46] und Quäker[47], keine eigene Lehrer, Kirchen, Gebräuche und Verfassung – keine Vereinigung zu besondern Gemeinen wie die Herrnhuter und Quäker – keine Symbole, keine öffentliche oder geheime Zeichen, woran sie sich erkennen, wie die Freimaurer[48]. Sie unterhalten keine besondere Verbindung mit allen Gleichgesinnten durch alle Länder, und selbst die Urlsperge-

41 *Rieger:* Karl Heinrich Rieger (1726–1791), 1757 Hofkaplan, 1779 Hofprediger, 1783 Stiftsprediger und Konsistorialrat in Stuttgart, Verfasser der „Predigten und Betrachtungen über die evangelischen Texte [...]",; vgl. Peters, Erweckung, 213; Brecht, Der württembergische Pietismus, 293, Anm. 69.

42 *Scriver:* Christian Scriver (1629–1693), Pfarrer 1653 in Stendal, 1667 Magdeburg, 1690 Oberhofprediger in Quedlinburg, Erbauungsschriftsteller („Seelenschatz [...]", ein fünfbändiges Werk über den mystisch orientierten Heilsweg der Seele) und Kirchenlieddichter, dessen Lied „Der lieben Sonne Licht und Pracht" noch heute im Evangelischen Gesangbuch (Nr. 479) zu finden ist. – Vgl. Brecht, Das Aufkommen der neuen Frömmigkeitsbewegung, 175–177.

43 *Lorenz:* Siegmund Friedrich Lorenz (1727–1783), der in Straßburg an Jung St. Peter „als letzter herrlicher Zeuge der untergehenden Orthodoxie" (Karl Hackenschmidt, Art. Horning, Re³ 8, 1900, 359–362, hier 360) im Geiste pietistischer Erbauung und Jesus-Frömmigkeit sein Predigtamt versah. Verfasser der „Reden zur Erbauung der Gemeine Gottes im Glauben und heiligen Sitten [...]", Straßburg 1769; vgl. Ackva, Der Pietismus, in: GdP 2,214. 217.

44 *Trescho:* Sebastian Friedrich Trescho (1733–1804), Diakonus in Mohrungen (Ostpreußen), im Kreis um F. A. Weihe sehr gern gelesener pietistischer Erbauungsschriftsteller.

45 *Bogatzky:* Carl Heinrich Bogatzky (1690–1774) aus schlesischem Adel, Mitarbeiter von August Hermann Francke, erfolgreich als Erbauungsschriftsteller, vgl. Brecht, Der Hallische Pietismus, 326 f.

46 *z. E. Mennonisten:* zum Exempel (Beispiel) Mennoniten, nach Menno Simons (1495/96–1561) genannte täuferisch gesinnte Christen; s. o. Anm. 35.

47 *Quäker:* S. o. Anm. 31.

48 *Freimaurer:* Die Freimaurer reflektieren Stellung und Pflichten des Menschen in der Welt mit Hilfe von Bildern und besonderen Symbolen, die „Bindemittel der Brüder untereinander (sind) und [...] die Kernaussagen der F[reimaurer] in Bildern und sinnbildlichen Handlungen dar(stellen)", Helmut Reinalter, Art. Freimaurerei, in: EKL³ 1, 1986, 1362–1365, hier 1362.

rische Gesellschaft[49], die dergleichen bezweckte, blieb immer etwas partielles, und ihr Einfluß erstreckte sich nicht über alle Länder und Örter, eben so wenig als der Christen=Verein[50] oder die Missions= und Bibel=Ge-
5 sellschaft[51]. Es ist sogar möglich, daß mehrere Pietisten an *einem* Orte wohnen, ohne sich zu kennen, bis etwa ein Zufall sie miteinander bekannt macht. Sie sondern sich nicht ab von der Kirchen=Gemeinschaft derjenigen Religions=Parthey, wozu sie sonst gehören, als Lu-
10 theraner, Katholiken, Reformirte, Mennonisten etc., sie entziehen sich nicht dem Besuch des öffentlichen Gottesdienstes, selbst da, wo sie nach ihrem Sinn und Geschmack wenig Geistes=Nahrung oder Erbauung finden; sie sind also keine Separatisten, obwol ich unter
15 Letzteren einige gekannt habe, die in Absicht des frommen Sinnes mit den sogenannten Pietisten gut übereinkamen, und deren Umgang gern benutzten. Wäre Pietismus eine Sekte, so würden die Anhänger derselben sich zu allen Zeiten und an allen Orten änlicher

---

49 *Urlspergerische Gesellschaft:* Johann August Urlsperger (1728–1806), pietistisch gesonnener Theologe, seit 1756 Geistlicher in Augsburg, 1772–1776 dort Senior, sei 1765 literarisch tätig gegen Aufklärung, Neologie und Rationalismus. Auf seine Anregung hin, in diesem Sinne eine Sozietät zu gründen, entstand zunächst eine „Gesellschaft zur Beförderung reiner Lehre und wahrer Gottseligkeit", aus der in den folgenden Jahren viele Tochtergesellschaften hervorgingen – in Minden schon 1882 –, die durch persönliche Kontakte, Korrespondenzen und durch Schrifttum miteinander verbunden waren. Erst 1804 wurden sie unter der Bezeichnung „Deutsche Christentumsgesellschaft" oder nur „Christentumsgesellschaft" mit Sitz in Basel zusammengefasst. Sie widmete sich weniger der „Beförderung reiner Lehre" als vielmehr der geistlichen Förderung innerer Gemeinschaft und Erbauung. Vgl. hierzu Weigelt, Der Pietismus im Übergang, 710–719.

50 *Christen=Verein:* Christentumsgesellschaft, siehe Anm. 49. Heute besteht nur noch die Basler Christentumsgesellschaft, die anderen Partikulargesellschaften sind schon in den 1830er Jahren wieder erloschen, vgl. Max Geiger, Art. Basel, Christentumsgesellschaft, in: TRE 5, 1980, 276–278.

51 *Missions= und Bibel=Gesellschaft:* Wahrscheinlich die Evangelische Basler Missionsgesellschaft (Basler Mission), gegründet 1815. – Die Basler Bibelgesellschaft ist eine der Tochtergründungen der Christentumsgesellschaft 1804. – Vgl. Wilhelm Gundert, Geschichte der deutschen Bibelgesellschaften im 19. Jahrhundert, Bielefeld (TAB 3) 1987.

seyn als man sie doch findet. Zwar haben sie manchen gemeinschaftlichen Vereinigungs=Punkt, wovon noch die Rede seyn wird, aber übrigens können sie in anderm Betracht sehr verschieden seyn.

Indessen begreife ich wohl, warum man gern aus dem Pietismus eine Sekte machen will. Nemlich bei dem Worte **Sekte** denkt man gleich an etwas von der richtigen Bahn abweichendes, blos menschliches, eigenmächtig ergriffenes und vestgesetztes – an Abwege, Irrthümer und Ketzereien, und man möchte die Pietisten gern unter diese Kategorie bringen, und dadurch ein ungünstiges Vorurtheil gegen sie veranlassen oder begründen. Mag man an frommen Christen, nicht in der Idee, sondern so wie sie in der würklichen Welt erscheinen, bald hie bald da etwas zu tadeln finden, so kann das Grund haben: aber Pietismus ist deßwegen noch keine Sekte.

Dritte Frage.

Haben die Pietisten besondere Lehrmeinungen, worin sie sich von anderen Protestanten unterscheiden, oder auf welche sie zu viel Gewicht legen – wol gar zum Schaden der Moralität?

In öffentlichen Schriften giebt man ihnen dieses[52] Schuld, und ich weiß nicht was es für Leute seyn mögen, die man dabei im Auge gehabt hat.

Man nennt sonderlich die Lehren vom natürlichen Verderben, von der Buße und Bekehrung, von den Gnaden=Wirkungen und vom Glauben an Jesum. Hiervon sollen die Pietisten teils irrige Begriffe haben, teils diese Lehren zum Nachteil anderer Lehren zu sehr hervorziehen. Um diese Sache ganz ins Klare zu setzen müßte ich ein Buch schreiben. Ich begnüge mich zu sagen, daß

---

52 *dieses:* deswegen.

alle fromme Christen, die ich kennen lernte, und die
man Pietisten nannte, hierüber nichts anders lehren
und glauben, als was man in allen ältern, und selbst
noch in vielen neuern Protestantischen Dogmatiken,
5 Katechismen und Gesangbüchern findet, so wie in den
gangbarsten ältern Erbauungs=Büchern, mit Ausnah-
me einiger neuern, worin man freilich von jenen Lehren
ganz andere Vorstellungen wahrnimmt, die den Pietisten nicht schriftmäßig scheinen, indem diese gern wie
10 einst die Beroënser bei Predigten und Erbauungs=Bü-
chern in der Bibel forschen, ob sichs also verhalte[53]; daher man es ihnen auch wol zum Vorwurf macht, daß sie
sich allzu genau an die biblischen Worte, Redensarten,
Bilder und Begriffe hielten, und also mit denen durch-
15 aus nicht harmoniren können, die sich die Freiheit nehmen jene biblischen Begriffe der gangbaren Philosophie
oder dem Zeitgeist gemäß umzumodeln.

Ist nun hie oder da in ihren Vorstellungen von den genannten Lehrern etwas würklich irriges oder übertrie-
20 benes, so liegt die Schuld teils an dem ersten mangelhaf-
ten Unterricht, den sie genossen haben, teils an den
Erbauungs=Schriften, die ihnen eben in die Hände gefallen sind, teils auch wol an einzelnen Lehrern, die sich
nicht bestimmt genug über eins oder das andere aus-
25 drücken. So z. E. halten sich gewiß alle Pietisten von der
natürlichen Verdorbenheit des Menschen überzeugt, die

---

53 *Beroënser ... ob sichs also verhalte:* Apg 17,10–11; Bewohner der Stadt Be-
    röa, heute: Verria, etwa 75 km westlich von Thessalonich. – Vgl. Wilhelm
    Faber (Hg.): Die Reformationsthesen von Luther und Claus Harms, 24: in
    der 63. seiner 95 Thesen von 1817 erhebt Claus Harms genau diese For-
    derung: Christen sollen „selbst mit zusehen und forschen in der Schrift,
    wie die Berrhoenser [...], ob sich also verhalte." Es ist anzunehmen, dass
    Weihe diese Thesen kannte. Siehe auch unten S. 44, Anm. 129 und S. 115.
54 *von der natürlichen Verdorbenheit ... Heiden des Alterthums:* Vgl. Plato,
    Phaidros 246a–247b, wo das Wesen der Seele mit einem Pferdegespann ver-
    glichen wird, von denen das eine Pferd guten und edlen Ursprungs, „das an-
    dere aber entgegengesetzter Abstammung und Beschaffenheit" ist (ebd.
    246b). Vgl. Egil A. Wyller, Art. Plato, in: TRE 26, 1996, 677–693, hier 683 f.

sogar verständige Heiden des Alterthums[54] eingestanden haben, und die Kant das radikale Böse nennt[55].
Wenn sie nun diese auch von Adams Fall ableiten und
Erbsünde nennen, wie es die ganze Protestantische Kirche thut: so sind doch bei weitem nicht alle der Meinung, 5
daß uns Adams Sünde zur Verdammlichkeit zugerechnet
werde. Viele mögen kaum davon gehört haben, und wenn
sie etwas davon wissen und glauben, so hat es doch gar
keinen Einfluß auf ihr praktisches Christenthum. Desto
strenger halten sie auf die Nothwendigkeit der Buße und 10
Bekehrung – nicht daß sie dieselbe blos als einen Glau-
bens=Artikel in ihr Lehrbekenntniß aufnehmen, sondern sie dringen darauf, man *müsse Buße thun und sich
bekehren,* und dies eben unterscheidet sie von den Na-
men=Christen[56], daß sie alles, was jene allenfalls aner- 15
kennen und lehren, in Erfahrung und Ausübung gebracht wissen wollen, und es bei sich selbst und andern
hierauf anlegen; wobei sie denn freilich mit der ganzen
Protestantischen Kirche den Beistand Gottes und seines
Geistes für nöthig halten – aber sich auch desselben zu- 20
gleich bedürftig fühlen und ihn gern erbitten; und es
müssen sehr schlecht unterrichtete Christen seyn, wenn
sie nicht zugleich überzeugt wären, daß sie selbst sehr
ernstlich thätig werden müssen, wenn ihnen der Beistand Gottes zu statten kommen soll. Eben so ists mit 25
dem Glauben an Jesum, worüber die Lehrbücher, wenigstens die ältern, sich richtig und biblisch ausdrücken:
aber die Pietisten finden und fühlen, daß sie einen Hei-

---

55 *Kant das radikale Böse:* Immanuel Kant (1724–1804) spricht in seiner
Schrift „Die Religion innerhalb der Grenzen der bloßen Vernunft" (1793)
vom natürlichen Hang des Menschen zum radikal Bösen: „Dieses Böse ist
radikal, weil es den Grund aller Maximen verdirbt", (ed. Karl Vorländer,
Leipzig ³o. J. (1903, 88); vgl. Ulrich Dierse, Art. Radikal Böses, in: HWP 8,
1992, 6–11.
56 *Namen=Christen:* gegenüber „Hertzens-Christen" oder „wahren Christen" bevorzugter Begriff der pietistischen Polemik.

land, einen Mittler[57] und Versöhner nöthig haben, und halten sich dieserwegen an Röm. 3, 23 etc.[58] und ähnliche biblische Vorstellungen, und darauf gegründete Anweisungen. Ob man ihnen dieses zum Vorwurf machen kann, weiß ich nicht: das aber weiß ich wohl, daß in der Regel alle Fromme oder wahre Christen, man mag sie nennen wie man will, weit entfernt sind, die Lehre von der Begnadigung durch Christum so zu mißbrauchen, daß ihre Moralität darunter litte, und der Fleiß der Heiligung geschwächt oder hintan gesetzt würde. Hiebei kann ich nicht unterlassen an des seel.‹igen› *Reinhard's* Geständnisse[59] zu erinnern, der sich in dem neunten Briefe derselben über diese ganze Materie so erklärt, daß man nicht umhin kann ihn in dieser Absicht unter die Pietisten zu rechnen, welches sich der würdige, und von den weltförmigen Theologen so viel geschmähete Mann auch nicht würde zu Unehre gerechnet haben. – Daß die gewöhnlichen Christen von der Gnade Gottes und der Vermittelung Christi alles erwarten, und daher getrost auf Gnade hin sündigen und Christum zum Sündendiener machen – das erfährt man alle Tage; und eben das ist es wogegen die Pietisten so laut und stark zeugen und eifern[60], und eben darum werden sie von den Weltmenschen angefeindet und verunglimpft, weil ihre Forderungen strenger sind und sie die Sicherheit[61] und den

---

57 *Mittler:* „Mittler", griech. μεσίτης, im NT sechsmal (Gal 3,19–20; 1 Tim 2,5; Hebr 8, 6; 9,15; 12,24) ist insbesondere durch Klopstock und den jungen Goethe zur geläufigen Jesus-Bezeichnung geworden: der Vermittler und Fürsprecher der sündigen Menschen bei Gott.

58 *Röm 3,23 etc.:* vgl. Röm 3,23–28.

59 *des seel.‹igen› Reinhard's Geständnisse:* Franz Volkmar Reinhard (1753–1812), lutherischer Supranaturalist, Prof. für Philosophie und Theologie. Hier ist angespielt auf seine Schrift: Geständnisse, seine Predigten und seine Bildung zum Prediger betreffend in Briefen an einen Freund. Sulzbach ²1811; vgl. David Erdmann, Art. Reinhard, in: RE³ 16, 1905, 560–563; Christian-Erdmann Schott, Art. Reinhard, in: RGG⁴ 7, 2004, 258; vgl. unten S. 52.

60 *zeugen und eifern:* bezeugen und sich ereifern.

61 *Sicherheit:* Unempfindlichkeit über die eigenen Heilsaussichten.

Leichtsinn ihrer meisten Mitchristen nicht billigen können. Die Gefahren, die man uns vom Pietismus und seinen Lehrsätzen und seiner Praxis vorspiegelt, sind bei weitem nicht so groß, als tausend andere Gefahren, die der Christenheit durch verfälschte Lehren, durch untreue Lehrer und andere Ärgernisse täglich drohen.

Vierte Frage.
Ist Pietismus Gefühls=Christenthum? Ist es etwa nichts anders als religiöse Empfindsamkeit oder Empfindeley[62]?

Ich weiß beinahe nicht was und wie ich hierauf antworten, wo ich anfangen oder enden soll. Man rühmt es auf der einen Seite an den Männern, die man als Stifter des Pietismus aufstellt, daß sie auf Herz und Empfindung gewirkt, die Religion dem Herzen näher gebracht, das Gefühl in Anspruch genommen und Wärme und Leben in die Religion gebracht haben; auf der andern Seite macht man es den Pietisten zum Vorwurf, daß sie zu viel aufs Gefühl wirken und rechnen, und wendet auf sie dasjenige an, was man vor einiger Zeit über und wider Empfindsamkeit und Empfindeley zu erinnern nöthig fand. Ich will kein Buch über den Werth der Gefühle im Christenthum schreiben, sondern mich mit einigen Anmerkungen begnügen.

1) Daß das wahre Christenthum nicht Sache des kalten raisonnirenden[63] Verstandes und der Spekulation, sondern Sache des Herzens und Lebens sey, und ohne Gefühle gar nicht gedacht werden könne, setze ich als bekannt und eingestanden voraus. In so fern das Christen-

---

62 *Empfindeley:* übergroße Empfindsamkeit oder Gefühligkeit, vgl. DWb 3, 426.

63 *raisonnierenden:* von allen Seiten bedenkenden: überkritischen; vgl. Heuberger, 1818, 491: „viel Einredens machen, sich auflehnen".

thum auf Besserung und Beruhigung des sündigen Menschen wirkt, muß es mannigfaltige Gefühle anregen, wie jeder Verständige anerkennt. Wer kann sich ein Erwachen aus der Sicherheit, ein Erkennen und Bereuen

5 seiner Sünden und Verirrungen, eine Schaam, eine göttliche Traurigkeit[64], ein ernstliches Verlangen nach Versöhnung mit Gott etc. ohne starke Gefühle denken? Ist Liebe zu Gott, und dem Erlöser, Freude an Gott und seinen Werken, Wohlthaten und Führungen, – Dankbarkeit,

10 Vertrauen, Geduld, Hoffnung nicht Sache des Gefühls? Kann man an seiner Besserung täglich arbeiten und in derselben Fortschritte machen, ohne manche schmerzliche Empfindung seiner Unvollkommenheit, Mängel, Fehltritte etc. Ich brauche hierüber kein Wort mehr zu

15 verlieren.

2) Finden wir nicht an den frommen Menschen, deren die Bibel rühmlich gedenkt, vorzüglich gefühlvolle Menschen. ? An dem Abraham, der Sodoms Untergang so gern abgewandt hätte[65], – an dem Joseph, dessen Be-

20 nehmen gegen seine Brüder[66] kaum der härteste Mensch lesen oder hören kann, ohne bis zu Thränen gerührt zu werden. Bey seinem weisen Plan die wahren Gesinnungen der Brüder erst auszuforschen: wie schwer machte es ihn da sein gefühlvolles Herz nicht aus seiner Rolle zu

25 fallen![67] wie eilte er zuletzt diese abzukürzen![68] und wie war immer das religiöse Gefühl mit dem brüderlich= menschlichen so innig verschmolzen! – oder an dem Moses, der mit so warmen Herzen für ein grundverderbtes Geschlecht, wenn Gott es zu vertilgen drohte, als Ver-

---

64 *göttliche Traurigkeit:* 2 Kor 7,10.
65 *Abraham, der ... abgewendet hätte:* vgl. Gen 18,16–33.
66 *Joseph, dessen Benehmen gegen seine Brüder:* vgl. Gen 42–45.
67 *weisen Plan ... Brüder erst auszuforschen:* vgl. Gen 42,7–25.
68 *Wie eilte er zuletzt diese abzukürzen:* vgl. Gen 45,1–3.
69 *Moses ... als Vermittler auftrat:* vgl. Ex 32,1–14.30–35.

mittler auftrat.[69] Und was soll ich erst von David sagen?[70] Wo hat es einem Menschen gegeben, bey dem das religiöse Gefühl mehr vorherrschend gewesen wäre? Ihn möchte ich den eigentlichen Vater der Pietisten nennen. Welche Gefühle sind in seine Psalme ausge- 5 flossen! – in sein Lob und Anbätung Gottes – in seine Betrachtungen über Gottes Eigenschaften, Werke in der Natur, seine Wohlthaten, Wege und Führungen. – Welche Gefühle der Verlegenheit und Ängstlichkeit in bedrängten Lagen; oder des Glaubens, Vertrauens und 10 der Hoffnung – oder der Schaam, Reue und Betrübniß über seine Vergehungen und Fehler, oder der Sehnsucht nach Gnade und Vergebung – oder der Freude über Licht, Kraft und Trost aus Gottes Worte! – Nein, es ist nicht möglich diese Psalme zu lesen, ohne zu religiösen 15 Gefühlen erwärmt und davon ergriffen zu werden. War es nicht dieses tiefe religiöse Gefühl, was ihn bey allen seinen Fehlern Gott so werth machte, und ihn auch dann, wenn er fiel, wieder aufrichtete? Ewald hat dieses alles in seinem Leben Davids[71] sehr gut gezeigt. – Ich 20 sage nichts von den Propheten[72] – von dem zartfühlenden Jeremias, von Hesekiel und Daniel. – Aber auch das Buch Tobias[73] darf ich nicht vergessen. Mag es immer eine fromme Dichtung seyn, bey welcher vielleicht etwas geschichtliches zum Grunde liegt: ich finde soviel 25 religiösen Sinn und Gefühl darin ausgedrückt, daß, wenn ich die handelnden Personen dieses Stücks in un-

---

70 *von David sagen:* siehe oben Anm. 27.
71 *Ewald ... Leben Davids:* Johann Ludwig Ewald, David, 2 Bde., Leipzig und Gera 1795–1796. – J. L. Ewald (1747–1822), Pädagoge, Schriftsteller und reformierter Theologe, wird einem „spätaufklärerischen Pietismus" (Kirn) zugerechnet (1773 Pfarrer in Offenbach, 1781 Hofprediger und Generalsuperintendent in Detmold, 1796 Prediger und Professor in Bremen, 1805 Professor für Moral- und Pastoraltheologie in Heidelberg, 1807 Ministerial- und Kirchenrat in Karlsruhe). Vgl. Hans-Martin Kirn, Deutsche Spätaufklärung und Pietismus, 427–428.
72 *Propheten:* die Propheten des Alten Testaments.
73 *Buch Tobias:* Eine Schrift der Apokryphen.

sere Zeiten versetzte, sie alle gewiß für Erzpietisten würden verschrien werden. – Ich gehe über zu dem Neuen Testament. Hier sieht man sich gleich im Kreise der gefühlvollesten Menschen – Zacharias und Elisa-
5   beth[74], Maria[75] und Simeon[76] etc. – brauche ich wohl erst zu erinnern, daß der Sohn Gottes als Mensch bey aller ruhigen Besonnenheit, die jeden seiner Schritte begleitete, zugleich der gefühlvollste war, sowol in sei-ner Religiösität als in seinem Umgange mit Menschen?
10 Wie viele empfindsame Scenen könnte man aus seiner Lebensgeschichte auszeichnen, bey seiner letzten Un-terhaltung mit seinen Freunden vor seinem Leiden[77], war es da nicht durchaus darauf angelegt ihr Herz in Anspruch zu nehmen, und auf ihre Empfindung zu wir-
15 ken? Seine drei Lieblinge unter seinen Jüngern[78], wa-ren es nicht grade die empfindsamsten? Petrus konnte ihn verläugnen, aber wie schmerzlich beweinte er bald seine Schwäche[79], und was für ein herzergreiffender Auftritt erfolgte hernach zwischen ihm und Jesus bei
20 der dreimal wiederholten Frage: Hast du mich lieb?[80] Wem fällt nicht hiebei die schöne Stelle aus der Graun-schen Passion[81] ein: „Ihr weichgeschaffnen Seelen, Ihr könnt nicht lange fehlen – Bald höret euer Ohr das straf-fende Gewissen, bald weint aus euch der Schmerz." – O!

---

74 *Zacharias und Elisabeth:* die Eltern Johannes des Täufers, vgl. Lk 1,5–25.
     39–45.57–78.
75 *Maria:* die Mutter Jesu, vgl. besonders aus der Vorgeschichte des Wirkens
     Jesu, Lk 1,39–56; 2,4–7.16–19.33–35.48–51.
76 *Simeon:* vgl. Lk 2,25–35.
77 *Unterhaltung mit seinen Freunden vor seinem Leiden:* vgl. Mk 14,17–25;
     Mt 26,20–25; Lk 22,14–23; Joh 13.
78 *drei Lieblinge unter seinen Jüngern:* Petrus, Jakobus und Johannes, vgl.
     Mk 5,37; 9,2; 14,33; Mt 26,37; Lk 8,51.
79 *Petrus konnte ihn verläugnen, ... seine Schwäche:* Mk 14,29–31.66–72.
80 *Jesus bei der dreimal ... Hast du mich lieb?:* Joh 21,15–17.
81 *Stelle aus der Graunschen Passion ... euch der Schmerz:* Carl Heinrich
     Graun (1703/1704–1759) komponierte 1755 die Passionskantate „Der Tod
     Jesu" nach einem Text von Carl Wilhelm Ramler (1725–1798). Das Werk
     war so beliebt, dass es zwischen 1798 und 1884 von der Berliner Singaka-
     demie in Berlin am Karfreitag über 40 Aufführungen gab. Vgl. MGG 5,

laßt uns doch die Gefühle in der Religion ehren! Soll es
je wieder mit der Religiösität in der Christenheit besser
werden, so muß man von Seiten des Herzens und des
Gefühls auf die Menschen zu wirken suchen.

3) Wenn man hie oder da die Besorgniß äussert, daß
über den frommen Gefühlen, die der Pietismus begünstigt, die nöthige Thätigkeit des Christen, sowohl zu seiner Heiligung und Besserung, als zur nützlichen Ent-
wickelung und Anwendung aller seiner Kräfte Schaden
leiden möchte: so hat man vergessen, daß grade die
Männer, von welchen man den Pietismus ableitet, wie
Franke und Spener, die thätigsten und gemeinnützigsten waren, und daß solche Männer doch wol nicht eine
Religion empfehlen wollten, die sich auf Beschaulich-
keit und innere Empfindung beschränkte; sie wollten
die Religion *ins Leben einführen*. Man hat die Frömmigkeit oft verdächtig machen wollen, als ob sie der
nützlichen Thätigkeit im Leben hinderlich sey: welches
ich aber als wahre Lästerung in Anspruch nehme. Die
frommen Menschen, die die Bibel preiset, waren keine
Müßiggänger, die ein beschauliches Mönchsleben führ-
ten: es waren die weisesten, thätigsten und nützlichsten[82] Menschen – und ich unternehme es noch heute
den Beweis zu führen, daß ich unter denen, die man in
unserer Gegend Pietisten nannte, die trefflichsten, thätigsten, gemeinnützigsten Menschen gefunden habe;
mochten es Prediger, Schullehrer, Kaufleute, Handwer-
ker, Soldaten oder Bauern und Tagelöhner seyn. Wo
wird wol auf religiösen Sinn und Gefühl mehr gewirkt
als in der Brüdergemeine? und ist es nicht bekannt,
dass grade diese Gemeine eine nützliche Betriebsam-

1998 (1956), 717. – Das Zitat ist wörtlich entnommen aus dem ersten Teil
einer Tenorarie. Der Text findet sich in: Carl Heinrich Graun, Der Tod
Jesu, Klavierauszug von Ulrich Haverkampf, Wiesbaden 1974 (Edition
Breitkopf Nr. 6748), 24–26.

82 *nützlichsten:* die sich nützlich gemacht haben.

keit vorzüglich begünstigt und glücklich bewerkstelligt? Wäre es auch der Fall, daß uns einmal ein frommer Müssiggänger begegnete, so hat Paulus dergleichen schon zu seinen Zeiten gekannt, und sie ernstlich bestrafft und zurechte gewiesen[83].

4) Indem ich den Gefühlen im Christenthum das Wort rede, bin ich doch weit entfernt die dunkeln Gefühle zu verthäidigen[84], die gemeiniglich durch eine übel gewählte Bildersprache, oder durch sinnliche Vorstellungen erregt werden. Ich kann mich an den Übertreibungen von den Leiden und den Martern des Erlösers nicht erbauen, wodurch man gleichsam ein Mitleiden mit ihm erwecken will; – Ich liebe nicht das allzu viele Sprechen von Blut und Wunden. Die Apostel brauchen diese Ausdrücke auch, aber sparsam und mit Würde, und das letztere ist nicht immer in christlichen Erbauungs=Schriften und Liedern, sowol bei Katholiken als Protestanten, geschehen – sonderlich auch in der Brüdergemeine. Ich habe es oft erlebt, daß Zuhörer durch dergleichen Bilder=Sprache gerührt wurden, und sich sehr davon erbaut glaubten: aber sie konnten sich keine Rechenschaft davon geben, was sie eigentlich gefühlt hatten. Ich habe an vielen Orten gepredigt, und mich immer des Zeugnisses zu erfreuen gehabt, daß mein Vortrag so gut verstanden sey: man hatte sich das, worauf ich hinwirken wollte, so deutlich denken können. Wo dies zum Grunde liegt, da darf man alsdenn sicher das Gefühl zu erregen suchen. Einst predigte ich bei der Kirchenvisitation am 3ten Trinitatis=Sontage über Luc. 15 von der Freude über einen Sünder, der Busse thut[85], und kam am Schluß meiner Rede auf die

---

83 *Paulus dergleichen ... zurechte gewiesen:* Tit 1,12–13.
84 *verthäidigen:* verteidigen.
85 *Luc. 15 von der Freude über einen Sünder, der Busse thut:* Luk 15,7a.; Luk 15,1–10 war das Evangelium des 3. Sonntags nach Trinitatis, über das zu predigen war.

Teilnahme unserer Freunde und Bekannten im Himmel, an denen, die sie auf Erden zurückgelassen haben. – Ich sprach von der Freude eines vollendeten Lehrers bey der Nachricht, daß manche von denen, an welchen er ehemals vergeblich gearbeitet, nun noch nach seinem Tode zum Besinnen gekommen seyn – sprach von der Freude selig=verstorbener Eltern über die gute Botschaft von der Besserung eines Kindes, das ihnen ehemals vielen Kummer gemacht hatte u. s. w. Man kann denken, daß dieses die Zuhörer stark ergriff, und doch war dies keine Schwärmerey, hier lag Wahrheit zum Grunde, und Christus selbst brauchte ja diese Vorstellung zur Beschämung der kaltherzigen Pharisäer, die sich um die Besserung ihrer Mitmenschen so wenig bekümmerten. Gleichwol machte mir der damalige geistliche Inspector[86], ein übrigens sehr achtungswerther Mann, die Bemerkung: „das wirke zu kräftig – so stark müsse man die Menschen nicht angreifen." Also will man im Grunde die religiösen Gefühle nicht so angeregt haben.

5) Dennoch sind es nicht sowol die Gefühle selbst, die man verdächtig machen will, sondern mehr die Äusserung derselben. Man erlaubt es vielleicht den Christen in der Kirche oder in ihrem Bätzimmer sich frommen Rührungen zu überlassen: aber sie müssen nicht laut werden – man soll sich ja nichts davon merken lassen, nicht davon sprechen. Jedes andere Gefühl darf man frey und öffentlich äussern, nur nicht das religiöse. Bewunderung der Natur=Schönheiten, oder der Werke der Kunst – Gefühle des Entzückens über herrliche Gemälde und Bildhauer=Arbeiten – über eine schöne Musik, über gut ausgeführte Opern oder treffliche Schauspiele darf man sich nicht schämen auszuspre-

---

86 *Inspector:* ein mit der geistlichen Aufsicht über einem bestimmten Amts-
bezirk betrauter Theologe, der die Visitation durchführt.

chen. Jede andere Empfindung von Schrecken, Angst und Furcht, Freude oder Hoffnung – von Freundschaft, Liebe, Mitleid, Patriotismus und dergl.‹eichen› darf man ausdrücken: aber keine fromme Gefühle. Höch-
5 stens darf man den Himmel oder die Vorsehung nennen, aber den Namen Gottes auszusprechen, von ihm dem Erhalter und Weltregierer, dem Vater und Wohltäter, dem Herrn und Richter zu reden, will sich nicht schicken. Von den großen Männern des Alter-
10 thums, Helden oder Weltweisen mag man sprechen, aber nicht von den Menschen der Bibel, nicht von Christus oder Paulus und Petrus und anderen etc. Man kann, wenn es eine gebildete Gesellschaft ist, über Religion als öffentliche Angelegenheit reden,
15 und über Sätze und Wahrheiten derselben so wie über ihre Geschichte, ihren Werth und Einfluß dis-putiren. Man darf über menschliche Verkehrtheit, über Laster und Verirrungen im allgemeinen und besondern sprechen, und die skandalöse Chronik
20 zum Gegenstande der Unterhaltung machen: aber versuche es einer mit Empfindung von eigener oder allgemeiner Verdorbenheit zu reden, Bekümmernisse darüber zu äussern, des grossen Arztes unserer Seelen-gebrechen zu erwähnen – äct christliche Trost= und
25 Beruhigungs=Gründe zu gebrauchen – von den Freu-den und den Hoffnungen der Christen zu rühmen etc. oder Geschichten zu erzählen, die religiöse Gefühle an-regen und denselben Nahrung geben: so findet man es unschicklich, unhöflich, es ist wider den guten Ton,
30 man schämt sich dessen, man nimmt es fast für Belei-digung – und ein frommer Christ muß schon versichert seyn, daß der angesehenste Teil der Gesellschaft eine religiöse Stimmung habe, wenn er es wagen will irgend etwas von der Art laut werden zu lassen. Mit Vergnügen lese ich noch eben, was der ehrwürdige Spalding in sei-ner Schrift: „Über den Werth der Gefühle im Christen-

thum"[87], mit welcher man gut zufrieden seyn kann, gegen das Ende derselben hierüber mit so vieler Wärme
äussert; und ich würde die ganze Stelle gern abschrei-
ben, wenn ich nicht voraussetzen könnte, daß solche
meiner Leser, die sich für wahres Christenthum inter- 5
essiren, mit dieser kleinen gründlichen Schrift schon
bekannt wären.

Fünfte Frage. 10
Was hat man denn eigentlich gegen den Pietismus?
Was ist der Grund einer sich so häufig darüber
äussernden Tadelsucht?

Ich habe vorhin die Behauptung aufgestellt, daß Pieti- 15
sten eigentlich nichts anders sind und seyn wollen, als
wahre Christen, oder wenigstens solche, die sich be-
strebten ein besseres der Bibel gemässeres Christenthum darzustellen, als man es unter den gewöhnlichen
Christen, oder mit einem Wort unter der *Welt*, findet, 20
und daß die mancherley Namen, womit man sie zu verschiedenen Zeiten und an verschiedenen Orten bezeichnet hat, sämtlich hierauf hindeuten und meine
Meinung bestättigen. Nun frägt sichs: Was hat denn
die übrige Welt gegen diese Frommen, oder Heiligen, 25
oder Stillen im Lande, oder Andächtigen etc. Ich kann
nicht besser darauf antworten, als mit den Worten des

---

87 *Spalding in seiner Schrift: „Über den Werth der Gefühle im Christen-
    thum":* Johann Joachim Spalding (1714–1804), der so genannten Popu-
    läraufklärung (Spätaufklärung) zugehörig, einer der „führenden Persön-
    lichkeiten der deutschen lutherischen Kirche des 18. Jh." (Dominique
    Boutel, Art. Spalding, in: TRE 31, 2000, 607–610, hier 607), Propst an der
    Nikolaikirche in Berlin, 1764–1788; seine Schrift „Gedanken über den
    Werth der Gefühle in dem Christenthum" erschien in mehreren Auflagen:
    1761, 1764, 1769, 1773, 1784; Kritische Ausgabe, hg. v. Albrecht Beutel:
    Abteilung Schriften, Bd 2, 2005; – vgl. ders., Art. Spalding, in: RGG⁴, 7,
    2004, 1534–1535.

größten Menschenkenners[88]: „die Menschen lieben die Finsterniß mehr als das Licht[89]. – Wer arges thut hasset das Licht[90] – Wäret Ihr von der Welt, so hätte die Welt das Ihre lieb[91] etc.". Gehen wir die Geschichte der
5 Bibel von Anfang bis zu Ende durch, so finden wir überall die Beläge dazu, daß es wahr bleibt, was Paulus sagt: „Alle die Gottselig leben wollen in Christo Jesu, die müssen Verfolgung leiden,"[92] worüber der seel. ‹ige› Lavater eine schöne Predigt gehalten hat, die sich in der
10 Sammlung seiner vermischten Predigten findet[93]. Man müßte die Menschen wie sie sind, und das menschliche Herz wenig kennen, wenn man es befremdlich finden wollte, daß die Guten von den Bösen, die Heiligen von den Unheiligen, die Ernsthaften von den Leichtferti-
15 gen, die eifrig Frommen von den kalten, gleichgültigen und jedes religiösen Gefühls sich schämenden, bald mehr bald weniger öffentlich, gehaßt, gemieden, gerichtet, verunglimpft oder bespöttelt werden. Es ist wol der Mühe werth diese Sache näher zu beleuchten. Jeder-
20 mann weiß, daß die unter uns wohnenden Israeliten ihren Sabbath in der Regel sehr heilig halten, und niemand verspottet sie darüber, so sehr sie uns Christen auch darin beschämen. Noch kürzlich hörte ich aus dem

---

88 *größten Menschenkenners:* gemeint ist Jesus.
89 *die Menschen lieben die Finsterniß mehr als das Licht:* Joh 3,19.
90 *Wer arges thut hasset das Licht:* Joh 3,20.
91 *Wäret Ihr von der Welt, so hätte die Welt das Ihre lieb:* Joh 15,19.
92 *Alle die Gottselig leben ... Verfolgung leiden:* 2 Tim 3,12, vgl. Mt 5,10–12.
93 *Lavater ... vermischten Predigten:* Johann Caspar Lavater (1741–1801): Vermischte Predigten, Frankfurt und Leipzig 1773, 69–92. Es handelt sich um die „Vierte Predigt. Gottseligkeit und Verfolgung. Ueber 2. Timoth. III, 12. Gehalten Sonntags Morgens den 21. Jenner 1770 in der Waysenhauskirche." – Seit 1769 Diakon, später Pfarrer an der Waisenhauskirche und seit 1778 an St. Peter in Zürich; durch Besuchsreisen und Korrespondenz Kontakte bes. nach Deutschland und Dänemark. Starke christozentrische Frömmigkeit; sein „Insistieren auf manifeste Transzendenzerfahrung, [seine] narzistische Selbstdarstellung und Indiskretion" ließen manche Freundschaft zerbrechen, z. B. mit Herder und Goethe. Lavater wirkte auf die Romantik, den frühen Idealismus und die Erweckungsbewegung, vgl. Horst Weigelt, Art. Lavater, in: RGG[4] 5, 2002, 122–123.

Munde einer sehr achtungswerthen religiösen Israeli-
tin die Äusserung: daß, wenn sie auch dadurch 20000
Rthlr.[94] reicher werden könnte, sie sich doch die strenge
Sabbathsfeier nicht möchte nehmen lassen – schon um
der Ruhe willen, die sie nach den Geschäften der Ar-
beitstage für ihren Geist so wohlthätig fand. In der
Christenheit ist es an den meisten Orten so weit gekommen, daß man sich höchlich wundern würde, wenn
ein Kaufmann am Sontage nicht Handel triebe. Wäre
das etwa in seinem Hause seit langer Zeit üblich gewesen, wie man wol in einzelnen Familien findet, so wäre
man es gewohnt, und spräche vielleicht nicht mehr davon; aber man setze den Fall, daß ein Kaufmann, der
bisher wie andere seines Gleichen, am Sontage Handel
getrieben hätte, nun auf einmal seinen Laden schlösse,
mit der Erklärung: er halte den Sontags=Handel für
Sünde, und könne sich nicht länger dabey beruhigen –
er wolle lieber diesen Vortheil entbehren, und den Tag
seiner Bestimmung gemäß zum Heil seiner Seele an-
wenden: – was wird die Folge seyn? Es wird ihm an
Spott und Hohn nicht fehlen, und er wird viele Kraft
nöthig haben, um die Verfolgungen zu tragen, die ihn
treffen werden. Ich kannte einen vornehmen Welt-
mann, der laut erklärte, daß er aus Grundsätzen weder
spiele noch seiner Gemalin das Tanzen erlaube. – Niemand spottete darüber, weil er keine religiöse Gründe
angab. Aber man lasse einen Menschen, der bisher mit
der Welt lebte, und an allen ihren Lustbarkeiten Teil
nahm, sich auf einmal davon zurückziehen, und öffentlich äussern, er finde dabey keine Ruhe in seinem Gewissen, er glaube der Ernst des Christenthums sey un-
verträglich mit der herrschenden Welt= und Sinnen
=Lust, und mit den Ausschweifungen und Versündigun-
gen, wozu die Weltgleichstellung führe – und man wird

---

94   *Rthlr.:* Reichstaler.

bald hören, wie die gewöhnlichen Spottnahmen der
Frommen auf ihn angewendet werden, und wie man sich
bemühen wird ihn als Heuchler, Sonderling, Pietist etc.
verdächtig zu machen. – In einer Stadt in Nieder-
5 deutschland, die noch vor kurzem als eine starke Fe-
stung berühmt war, stand vor etwa 40 Jahren ein Sergeant, Namens H ... g in Garnison, der sich durch Frömmigkeit auszeichnete. Man kannte ihn einmal als einen
solchen, und ließ ihn gehen, weil er ein brauchbarer
10 Mann und in seinem Dienst pünktlich war. Nun befan-
den sich unter dem Regiment ein paar äußerst wilde und
ausschweifende Soldaten, die sich durch ihre tollen
Streiche oft Regiments=Straffen zuzogen, und durch die
militairische Zucht nicht in Ordnung zu bringen waren.
15 Gedachter Sergeant machte sich an diese beiden Leute,
und versuchte es, sie teils durch vernünftige, teils durch
religiöse Vorstellungen von ihrer verderblichen Laufbahn ab, und auf bessere Wege zu bringen. Er gab ihnen
gute Erbauungs=Bücher in die Hände, und brachte es
20 dahin, daß diese rohen Menschen nun sehr gesittet wurden, und sich den wüsten Gesellschaften und Schwär-
mereien entzogen, an denen sie sonst zu ihrem Schaden
teilgenommen hatten. Sie wurden nun gebesserte Menschen, und man hätte denken sollen, jedermann müßte
25 sich darüber freuen, und es dem H...g danken, daß er so
glücklich auf sie gewirkt habe. Stattdessen machte die
Sache ein seltsames Aufsehen; man konnte oder wollte
sich diese Veränderung nicht natürlich erklären – man
sprach von Zettel=schlucken[95] und andern albernen

---

[95] *Zettel=schlucken:* Magische Praxis, die radikalen Pietisten häufiger zur
Last gelegt wurde. Vgl. insbesondere die Berichte über den ekstatischen
Handwerker-Bußprediger Johann Georg Rosenbach (1678–1747), der sei-
nen Anhängern „Zettel ins maul gesteckt habe, die ‚wie Baumöl schmeck-
ten'. Auch sonst (in Calw und Heilbronn) kamen solche Verschlingungen
heiliger Schriften durch die Auserwählten vor (nach Offenb. Joh. 10,10)."
Heinrich Hermelink, Geschichte der evangelischen Kirche in Württemberg,
Stuttgart/Tübingen 1949, 190; – vgl. Friedrich Fritz: Johann Georg Rosen-

Dingen, womit man wol ehedem auch in unserer Gegend die Frommen beschuldigt hat, daß sie dadurch Proselyten machten[96]. Die Sache kam zu ernsthafter Untersuchung. Der in Vorurteilen sich über den Pöbel nicht erhebende Regiments=Chef ließ die Leute durch den Feldprediger über ihren Glauben und über die Geschichte ihrer Sinnes= und Lebens=Änderung examiniren – ihre Erbauungs=Bücher wurden hervorgezogen und untadelhaft befunden – und der Erfolg war, daß man aus Besorgniß, die Frömmigkeit möchte das ganze Regiment anstecken, den Pietistischen Sergeanten lieber den Abschied erteilte, und ihn mit einer guten Pension versorgte, die er jetzt noch nach 40 Jahren in einem heitern und ruhigen Alter genießt. Vieleicht wirkte noch ein anderer Umstand mit auf seine Entlassung. Er hatte den Chef im religiösen Tone schriftlich zum neuen Jahre gratulirt, und darin nicht der Klugheit gemäß gehandelt. Der Chef trieb sein Gespött damit, und rühmte öffentlich: er habe ihm wieder sagen lassen, er wünsche ihm zum neuen Jahr, daß er den Verstand nicht verliere. – So rief einst Festus dem Apostel zu: „Paule! Du bist nicht bey Sinnen; dein Studiren bringt dich zum Wahnsinn?"[97] – H ... g äusserte dagegen: der Wunsch enthalte etwas sehr wünschenswerthes; und er mußte nicht lange hernach erfahren, daß jener Chef das Unglück gehabt habe in Geistes=Zerrüttung zu verfal-

5

10

15

20

25

---

bach, in: ZBKG 18, 1948, 32 und 38. Ähnlich [Johann Adam Raab:] Der wahre und gewisse Weg durch die enge Creutz-Pforte [1703], 602 (Vorwurf, er verhexe die Leute mit Esszetteln seiner Lehren). Der Reflex solcher magischer Vermittlung höherer Einsicht in der Erzählung „Michael Kohlhaas. Aus einer alten Chronik" von Heinrich von Kleist, in der Kohlhaas, kurz bevor er das Schafott besteigt, einen Zettel liest und schluckt, den er einst von einer Zigeunerin bekommen und in einer Kapsel bei sich getragen hatte und der ihm eigentlich das Leben retten sollte, gibt nur einen späten Widerhall solcher religiös motivierter Zettelverschlingungen; Heinrich von Kleist, Sämtliche Werke, München 1952, 597–680, hier 662–680. Vgl. Ez 3,1–3.

96 *Proselyten machten:* Überläufer von einer Religionspartei zu anderen gewinnen.

97 *So rief einst Festus ... Wahnsinn:* Apg 26,24.

len. Ich würde diese Geschichte nicht erzählen, wenn sie nicht bestättigte, was Petrus schreibt: „Das befremdet sie, daß ihr nicht mit ihnen lauffet in dasselbige wüste unordige Wesen[98]," (1 Petr. 4.)[99] oder wenn ich nicht überzeugt wäre, daß mancher Leser dieser Schrift sich an eine Menge ähnlicher Geschichten erinnern wird.

Es ist gar nicht zu läugnen, man kann ehrbar leben, sich vor den Lastern des Zeitalters hüten, und manche Tugend öffentlich oder in der Stille üben, ohne darüber verfolgt zu werden: aber man muß sich nur nicht merken lassen, daß man dieses aus rein=christlichen Gründen und Antrieben thue, muß sich nicht vom gesellschaftlichen Umgange mit Weltleuten zurückziehen, muß von Bekehrung und von Jesu nicht sprechen – muß sich um andere nicht bekümmern, noch weniger sie warnen, strafen und belehren wollen – muß jeden bey seinem Glauben ruhig bleiben und selig werden lassen: denn[100] hat man eben nicht zu befürchten als Pietist oder Kopfhänger verschrien zu werden.

Daß aber Menschen sich einer christlichen Frömmigkeit zu befleißigen anfangen, nachdem sie vorher mit andern entweder in öffentlichen Lastern, oder im irdischen Sinn um das Heil ihrer Seele unbekümmert gelebt hatten, das kann eben wegen der auffallenden Veränderung, die mit ihnen vorgeht, nicht unbemerkt bleiben, und wird desto mehr Aufsehen machen, jemehr diese Menschen ehedem in vielfacher Verbindung mit weltlich=gesinnten standen, oder jemehr sie es sich angelegen seyn lassen ihre geänderte Gesinnung öffentlich zu zeigen. Es geht ihnen wie dem Apostel Paulus, der von seinen ehemaligen Glaubensgenossen nach seinem Übertritt zum Christenthum nun desto bitterer

---

98 *unordige Wesen:* „unordentliches Treiben" (Luther 1984).
99 *was Petrus schreibt: „Das befremdet ... unordige Wesen," (1 Petr. 4.):* 1 Petr 4,4.
100 *denn:* dann.

gehaßt und verfolgt wurde, je eifriger er vorher dem Judenthum angehangen hatte[101]. Je mehr einer ohne Menschenfurcht und falsche Schaam muthig hervortritt, seine Überzeugungen frey bekennt[102], unter dem unschlachtigen[102] und verkehrten Geschlecht[104] als ein Licht[105] erscheint, nicht Gemeinschaft hat mit den unfruchtbaren Werken der Finsterniß, sondern sie vielmehr straft[106], und bald in engern, bald in weitern Kreisen thätig wirkt, um auch andere von den Wegen des Verderbens abzuleiten[107] und zu sich herüber zu ziehen: desto weniger kann es ihm zu allen Zeiten und an allen Orten an Verfolgung fehlen; und ich möchte leicht in den Predigt=Ton fallen, wenn ich das weiter ausführen wollte, was man darüber schon im 2ten und 5ten Capitel des Buchs der Weisheit lieset[108]. Ich bemerke nur noch, daß diejenigen, welche fromme Leute verspotten oder lästern, sehr rohe Leute seyn müssen, wenn sie die Frömmigkeit selbst zum Gegenstande ihres Tadels oder Spottes machen. In den meisten Fällen wird man sich nur an die Personen halten, und an diesen allerley Eigenheiten und Sonderbarkeiten aussuchen, die dem schiefen oder gehässigen Urtheil über sie zum Vorwande dienen müssen: So machtens die Juden mit Christus, wenn sie bald seine vermeintliche Entheiligung des Sabbaths[109], bald seinen Umgang mit Zöllnern und Sündern[110] hervorzogen, und ihn darüber verdächtig zu

---

101 *Apostel Paulus, ... dem Judenthum angehangen hatte:* vgl. Apg 9,15–25.
102 *seyne Ueberzeugungen frey bekennt:* im Hintergrund steht der Gedanke an Jesus als Vorbild, vgl. Joh 18,20; Mt 10,32.
103 *unschlachtigen:* ungeschlachten, vgl. DWb 24, 1329.
104 *unter dem unschlachtigen und verkehrten Geschlecht:* Phil 2,15.
105 *als ein Licht:* vgl. Mt 5,14.
106 *nicht Gemeinschaft hat ... vielmehr straft:* Eph 5,11.
107 *von den Wegen des Verderbens abzuleiten:* vgl. Jes 59,7.
108 *was man darüber ... lieset:* vgl. Weish 2,9–22; 5,1–10.
109 *Entheiligung des Sabbaths:* Mk 3,1–6.
110 *seinen Umgang mit Zöllnern und Sündern:* vgl. Lk 5,30; 15,1–2; 19,7.

machen suchten, wogegen er den wahren Grund ihrer Widrigkeit darin fand, daß sie die Finsternis mehr liebten als das Licht[111], daß sie Gott nicht kannten[112] und sein Wort nicht hören wollten[113]. – Es ergiebt sich auch hieraus von selbst, daß sonderlich solche Prediger, die man als Pietisten bezeichnet, von denen, welche anderes Sinnes sind, den meisten Widerspruch werden zu erfahren haben. Die Welt hat das ihre lieb[114]; sie erwartet zwar von dem Prediger, daß er thut, was seines Amts ist – sie erlaubt ihm allenfalls auf der Kanzel eine strenge Moral zu predigen, und wenn er Laster und Unordnungen im allgemeinen strafft, so bringt man das auf Rechnung seines pflichtmässigen Amts=Eifers, und verzeiht es ihm gern, wofern er nur sonst ein guter Gesellschafter ist, an den Freuden der Welt Teil nimmt, jeden seinen Gang ungestört gehen lässt, die Kranken nicht beunruhigt, die Sterbenden mit der Gnade Gottes tröstet, und die Hinterbliebenen mit der Versicherung, daß ihre Todten zu einem bessern Leben eingegangen seyn. Aber der ernstlich fromme Prediger, der nicht blos Moral predigt, sondern ächt=christliche Gesinnung fordert – nicht vom Besserwerden im Allgemeinen spricht, sondern von gründlicher[115] Bekehrung – der die Menschen in der Regel als Sünder, und das menschliche Herz als böse[116] schildert – der den Sündern zurufft: Laßt euch versöhnen mit Gott![117] und sie zu Jesu als dem Mittler[118] hinweiset, ohne den wir nicht zum Vater

111 *Finsternis mehr liebten als das Licht:* Joh 3,19.
112 *sie Gott nicht kannten:* vgl. Joh 7,28; 8,55; 17,25; 1 Joh 3,1; 4,8.
113 *sein Wort nicht hören wollten:* vgl. Hes 2,5.7; 3,7; Ps 95,7–8; Mt 13,13–15; Mk 4,12; Hebr 3,7 f.
114 *Die Welt hat das ihre lieb:* Joh 15,19.
115 *gründlicher:* DWb 9,847: „bis auf den grund, bis ins letzte gehend'".
116 *der die Menschen ... Herz als böse:* vgl. Gen 6,5; 8,21; Hiob 14,4; Ps 14,3; Mt 15,19; Röm 3,23.
117 *Laßt euch versöhnen mit Gott!:* 2 Kor 5,20.
118 *zu Jesu als dem Mittler:* vgl. Anm. 57.

kommen können[119] – der auf Heiligung dringt[120], zu welcher wir den Beistand des göttlichen Geistes bedürfen[121], und die aus dem Glauben und aus der Liebe zu Jesu entspringen muß – der die Grenzlinien zwischen wahrem und falschen Christenthum scharf andeutet, und was man niemals gern hören mag, viel von zweierley Leuten und den zwei verschiedenen Wegen[122] spricht, auf welchen sie wandeln – der seine Zuhörer nach ihrer verschiedenen Beschaffenheit in Klassen teilt, und einer jeden giebt, was für sie gehört – der dabey selbst sehr ernstlich und vorsichtig wandelt, sich nicht nur der Gemeinschaft der Ruchlosen entzieht, sondern auch an den durch den Zeit= und Welt=Geist so sehr begünstigten Weltfreuden keinen Teil nimmt – der dagegen in seiner Gemeine die Frommen aufsucht, und an diese sich näher anschließt, wenn es auch die Geringsten und ungeachtesten[123] wären – der am Krankenbette das Gewissen aufregt[124], und von Verstorbenen bedenklich oder mit Bekümmerniß redet: – ein solcher Prediger, wenn er auch übrigens noch so besonnen verführe, und sich von jedem seiner Schritte die strengste Rechenschaft geben könnte, wird dennoch dem Tadel eines großen Teils seiner Zeitgenossen nicht entgehen, und sich mit Pauli Exempel trösten müssen: „Wenn ich den Menschen noch gefällig wäre, so wäre ich Christi Knecht nicht."[125]

119 *zum Vater kommen können:* vgl. Joh 14,6.
120 *der auf Heiligung dringt:* vgl. 1 Kor 1,30; 1 Thess 4,3–4.7; 2 Thess 2,13; 1 Tim 2,15b.
121 *Beistand des göttlichen Geistes bedürfen:* vgl. Joh 14,16.26; 1 Petr 1,2.
122 *zwei verschiedenen Wegen:* vgl. Mt 7,13–14; siehe S. 13 f.
123 *Geringsten und ungeachtesten:* vgl. Mt 25,40.
124 *aufregt:* „excitare, erregen, stärker als anregen", DWb 1,707.
125 *„Wenn ich den Menschen ... Christi Knecht nicht.":* Gal 1,10.

Sechste Frage.
Was ist von den Privat=Erbauungs=Anstalten[126]
der Pietisten zu halten?

5 Es ist aus der Kirchengeschichte bekannt, daß Spener,
Franke und andere fromme Männer jener Zeiten zur Beförderung eines christlich=religiösen Sinnes und Lebens
außer dem öffentlichen kirchlichen Gottesdienste noch
besondere Erbauungs=Anstalten empfohlen und in
10 Gang brachten, die man *Collegia pietatis*[127] nannte, wo
mehrere gutgesinnte Menschen sich zu religiösen Be-
schäftigungen und Andachts=Uebungen vereinigten, –
wo gemeinschaftlich gesungen, aus guten Büchern vor-
gelesen, allenfalls von einem dazu tüchtigen Mitgliede
15 ein freier Vortrag, oder ein Gebät gehalten wurde, und
wo man sich auch wohl mit religiösen Gesprächen, Erzählungen und allerley Mitteilungen unterhielt, um einem frommen Sinne Erweckung und Nahrung zu geben.
Ebenso bekannt ist es, daß dergleichen Anstalten von an-
20 dern Seiten her, Widerspruch und Tadel fanden – oft sogar verboten und gehindert wurden.

Wenn ich nach langer und vielfacher Erfahrung darüber mitsprechen darf, so muß ich sagen, daß ich solche
Erbauungs=Versammlungen allerdings sehr wirksam
25 gefunden habe, um da wo ein religiöser Sinn erwacht
war, denselben zu stärken und schneller zu verbreiten,
wozu das Neue und Ungewöhnliche viel beyträgt, wie
sich jeder Menschenkenner das leicht erklären kann;
und aus diesem Grunde wurden von frommen Predi-

---

126 *Privat=Erbauungs=Anstalten:* in privatem Kreis durchgeführte Veranstaltungen zur Erbauung ihrer Teilnehmer. – Weihe weist sogleich auf die
Collegia pietatis hin und beschreibt sie aus seiner Sicht.
127 *Collegia pietatis:* Konventikel, Versammlungen zur Pflege der Frömmigkeit und Erbauung, begonnen 1670 in Frankfurt am Main von Philipp
Jakob Spener und Johann Jakob Schütz; vgl. Markus Matthias, Collegium
Pietatis und ecclesiola, 46–59; Christof Windhorst, Spener und die Gemeinde, 168–174.

gern zu allen Zeiten und an vielen Orten dergleichen *Collegia pietatis* empfohlen und veranstaltet, und ihr Nutzen wird sich immer bewähren, *wenn sie unter einer weisen Leitung stehen,* und *unter einer Aufsicht, die jede Unordnung verhindert.* Dies ist der Fall in Städten, wo eine polizeiliche Aufsicht alle Arten von Zusammenkünften vor Mißbrauch und Ausartung zu sichern weis. Daher habe ich auch selbst in großen Städten gesehen, daß Privat=Erbauungs=Anstalten, sogar bey zahlreichen Besuch nicht gehindert oder eingeschränkt wurden, und keinerley Unordnungen veranlaßten. Anders ist es auf dem Lande, wo eine solche Aufsicht nicht immer möglich ist, besonders wenn der Prediger keinen Anteil daran nimmt, und die Mitglieder der Gesellschaft sich selbst überlassen sind, da denn leicht unweise Führer sich aufwerfen, und auch sonst mancherley Unregelmässigkeiten einreissen, die der guten Sache der Religion mehr hinderlich als förderlich sind, und nur Gelegenheit geben, der Frömmigkeit einen übeln Namen zu machen, besonders wenn solche Versammlungen bis in die Nacht hinein verzogen werden. Man kann es also der Obrigkeit, die über die Erhaltung der guten Ordnung zu wachen hat, nicht verdenken, wenn sie zur Vermeidung von Unordnung solche Versammlungen einschränkt, ob sie gleich dem Staate selbst auf keine Weise gefährlich sind. Hiermit darf aber eine andere Art von Hausandacht nicht verwechselt werden, wo nemlich vorzüglich Sontagsnachmittags einige Nachbarn und Bekannte sich wohl vereinigen, um gemeinschaftlich entweder die gehörte Predigt zu wiederholen, und denen, die nicht in der Kirche seyn konnten, etwas davon mitzutheilen, oder auch aus irgend einem Predigt= und andern Erbauungs=Buche etwas zu lesen, und einen Gesang mit einander zu singen – oder sich überhaupt auf eine religiöse Art zu unterhalten. Welcher Prediger müßte nicht wünschen, daß dergleichen recht oft und viel in seiner Gemeinde geschähe, und welcher Freund der Menschheit und der Religion muß diesen Wunsch nicht billig[128] finden.

5 Wollte man diese geräuschlosen, ganz unverdächtigen und sehr nützlichen gemeinschaftlichen Andachts= Übungen kleiner Gesellschaften gesetzlich verbieten, und die Hausandacht durchaus blos auf die eigentlichen Hausgenossen beschränken, so möchte dagegen vieles zu erinnern seyn:

10 1) Diese Verfügung wäre empörend, indem dadurch alle menschliche Willens=Freiheit auf eine unerhörte Art beschränkt würde. Man denke nur: Menschen, die sich sonst besuchen dürfen *wann* sie wollen – beschäfftigen dürfen *womit* sie wollen, als Essen, Trinken, Spiel,

15 Musik, Lesereien etc. – sich unterhalten dürfen *worüber* sie wollen: diese sollen durchaus sich nicht auf eine religiöse Art unterhalten – sollen alles andere treiben dürfen, aber nur nicht bäten, singen oder in der Bibel und andern Erbauungs=Schriften gemeinschaftlich lesen!!

20 2) Dieses Gesetz wäre nicht im Geiste Christi, nicht im Geiste seiner Apostel, nicht im Geiste unserer Glaubens=Verbesserer[129], nicht im Geiste unsers religiösen verehrten Monarchen[130] – auch gewiss nicht im Geiste seines christlich=weisen Staats=Ministeriums[131], wie

25 sich derselbe wenigstens bis hieher geoffenbart hat.

3) Welche Kränkung wäre es für fromme Gemüther, wenn sie Sontags so viele eitle und lustige Trink= Tanz= und Spiel=Gesellschaften ihre Neigung unge-

---

128 *billig:* angemessen, gerecht.
129 *Glaubens=Verbesserer:* Martin Luther (1483–1546), Philipp Jakob Spener (1635–1705) und unmittelbar für die Erweckungsbewegung des 19. Jh.s wichtig Claus Harms (1778–1855) mit seinen „95 Thesen" zum Reformationsjubiläum 1817.
130 *unsers religiösen verehrten Monarchen:* Friedrich Wilhelm III. von Preußen (1770–1840) regierte von 1797–1840.
131 *Staats=Ministeriums:* gemeint ist das „Ministerium der Geistlichen, Unterrichts- und Medicinal-Angelegenheiten" in Berlin.

stört, sogar unter Obrigkeitlichem Schutz befriedigen sähen, sich selbst aber jeden Geistes= und Herzens= Genuß in erbaulicher Unterhaltung mit christlichen Freunden verboten fänden!

4) Was für einen nachteiligen Eindruck müsse es auf eine christliche Gemeinde machen, wenn ein solches Gesetz ihr öffentlich publicirt, und sonach jede religiöse Unterhaltung mit andern als Hausgenossen mit einem Interdikt[132] belegt würde?

5) Was für Folgen würde es haben, wenn Polizeydiener in jedes Haus, wo sie eine religiöse Unterhaltung vermutheten, einbrechen, und jeden, der nicht zu den Hausgenossen gehörte, hinausweisen, auch wohl gar zur Brüchten=Strafe[133] notiren könnten? Da würde dann wieder der Fall eintreten, den ich schon einmal erlebt habe, daß diejenigen, welche sich doch gern mit einander erbauen möchten, Pfeifen, Taback und Brandtewein auf den Tisch setzen müssen, um ihrer Gesellschaft das Ansehen eines *Trinkgelages* zu geben, damit sie ungestört bleiben könnten.

6) Wie paßte sich dieses für eine Zeit, worin selbst von den Thronen herab zur Erweckung und Belebung eines religiösen Sinnes[134] so eifrig und kräftig gewirkt ist und wird? wo Bibel=Gesellschaften gestiftet und ausgebreitet werden[135]? wo man auf neue Mittel sinnt, die Reli-

---

132 *Interdikt:* Verbot.
133 *Brüchten=Strafe:* Bußgeld, Geldstrafe, vgl. DWb 2,414.
134 *von den Thronen herab ... religiösen Sinnes:* Unionsaufruf Friedrich Wilhelms III. in Preußen: „Allerhöchste Königliche Cabinets-Ordre die Vereinigung der lutherischen und reformierten Kirche vom 27ten September 1817" etc. Kirchenunionen im 19. Jahrhundert, hg. v. Gerhard Ruhbach (TKTG 6), Gütersloh 1967, 34.
135 Die von Cansteinsche Bibelgesellschaft ist die älteste in Deutschland, gegr. 1710; die Württembergische Bibelanstalt, gegr. 1812; die Bergische Bibelgesellschaft, die Evangelische (früher: Preußische) Haupt-Bibelgesellschaft und die Sächsische Haupt-Bibelgesellschaft wurden 1814 gegründet; vgl. R. Steiner, Art. Bibelgesellschaften, RGG³, Bd.1, 1957, 1157–1166, hier 1160–1161; vgl. W. Gundert, s. o. Anm. 51.

gion, die nur noch mühsam in den Kirchen erhalten wurde, wieder ins tägliche Leben einzuführen und darin wirksam zu machen – also doch auch wol als einen würdigen Gegenstand gesellschaftlicher Unterhaltung zu behandeln? Was müßte das Ausland von einer Verfügung denken, die in gradem Widerspruch stände mit dem, was man bisher von unsern Anstalten und Bestrebungen zu Förderung des Religions=Wesens gesagt und gerühmt hat?

7) Wie lieblos würde man an denen handeln, welchen es an Vermögen fehlt sich selbst Bibeln und Erbauungs=Bücher anzuschaffen, und die sich daher gern nach andern Häusern umsehen, wo sie an dem Gebrauch solcher Andachts=Bücher wenigstens am Sontage Teil nehmen können!

8) Welcher aufgeklärten Behörde kann es entgehen, daß gerade das, wodurch man der Ausbreitung des Separatismus steuern will, am kräftigsten wirken würde und müßte, ihn allgemeiner zu machen. Denn da die geduldeten Religions=Gesellschaften, z. E. Quäker[136] und Herrnhuter[137] zu ihren Versammlungen gesetzlich volle Freiheit[138] genießen, so würden alle, die hin und her zerstreuten Frommen sich an irgend eine dieser Gesellschaften anschließen, wie es wol anderswo geschehen ist; und so würde nun erste die Zahl – nicht der sogenannten – sondern der würklichen Separatisten, die sich von Kirche und Abendmahl trennen, recht groß werden. Kann man das befördern wollen?

---

136 *Quäker:* Siehe oben Anm. 31.
137 *Herrnhuter:* Herrnhuter Brüdergemeine, siehe oben Anm. 36.
138 *zu ihren Versammlungen gesetzlich volle Freiheit:* Weihe denkt wahrscheinlich an die 1815 verabschiedete Bundesakte, Art. 16,1 hier allerdings „kommt die Kultusfreiheit der Kirchen selber noch nicht in den Blick", erst 1848 und 1850 wird Preußen „allen Religionsgemeinschaften die öffentliche Religionsausübung und die Vereinigungsfreiheit" in seine Verfassung aufnehmen. René Pahud de Mortanges, Art. Religionsfreiheit, in: TRE 28, 1997, 565–574, hier 569–570.

Siebente Frage.

Ist denn an den Leuten, die man Pietisten nennt, nichts zu tadeln? Kann man überall auf sie, als auf wahre und ächte Christen hinweisen, und sie allen andern zum Muster vorstellen?   5

Niemand wird in Abrede stellen, daß der Patriotismus etwas sehr Gutes und rühmliches sey: gleichwol haben viele, die auf den Namen der Patrioten Ansprüche machen, sich gerechten Tadel zugezogen. Ich habe von der 10
Maurerey[139] eine gute Meinung, und kenne viele sehr achtungswerthe Mitglieder dieses Instituts, welche mich in dieser guten Meinung bevestigt haben; und doch habe ich andere Glieder des Ordens gekannt, die demselben, wenigstens von Seiten der Moralität, 15
schlechte Ehre machten. So denke ich auch sehr vorteilhaft vom Pietismus, und doch bin ich nicht so partheiisch für Pietisten eingenommen, bin nicht so unbekannt mit den vielen Fehlern und Mängeln, die man auch an den bessern Menschen noch finden kann, daß 20
ich es unternehmen sollte jedem Vorwurf zu begegnen, den man ihnen oft gemacht hat, oder sie auch über alles zu entschuldigen und zu rechtfertigen, was hie und da gegen sie erinnert worden ist. Aber es ist schwer über diese Sache auf eine allen Forderungen genügende Art 25
zu schreiben, weil die Leute, die man Pietisten nennt, nicht überall unter einerley Gestalt erscheinen, sondern nach Zeit, Ort und Umständen so sehr verschieden seyn können. Ist von Herrnhutern oder Quäkern[140] die Rede, so kann man über die einen oder andern leichter 30
ein auf die meisten Glieder ihrer Parthey passendes Urteil fällen, weil sie sich zu einerley von andern Partheyen abweichenden Meinungen bekennen – wol eigene Ge-

---

139 *Maurerey:* Freimaurerei, s. o. Anm. 48.
140 *Herrnhutern oder Quäkern:* siehe oben Anm. 31 und 36.

meinen bilden, und unter sich in näherer Verbindung
stehen, weßhalb denn wenigstens in der äußeren Form
ihrer Glieder sich mehr Änlichkeit findet. Aber eben
deßwegen habe ich schon bei der zweiten Frage[141] dagegen protestirt, daß man die Pietisten nicht als besondere Sekte betrachten könne, weil diese allgemeine Änlichkeit nicht so bei ihnen hervortritt, und sie es nicht
einmal darauf anlegen dieselbe in irgendetwas Äusser-
lichem darstellen zu wollen. Damit will ich nicht läugnen, daß es gewisse Merkmale giebt, die man bei allen
denen antreffen wird, welche zu der Klasse der Pietisten[142] gerechnet werden, worauf ich auch schon oft
genug hingedeutet habe.[143] Dahin gehört z. E. ihr Fest-
halten an der christlichen Wahrheit, so wie dieselbe jedem unbefangenen Gemüth beim Lesen der Bibel erscheint, im Gegensatz dessen, was Philosophie und
Zeitgeist oder Partheisucht daran modelt und künstelt[144]; daher auch Duttenhofer[145] Pietismus und Orthodoxie zusammen faßt. Ferner: die bei ihnen tief ge-
wurzelte und laut ausgesprochene Überzeugung, daß
man auf dem gewöhnlichen Wege, den die meisten Menschen wandeln und den Christus die breite Straße[146]

---

141 *zweiten Frage:* siehe oben S. 17–21.
142 *Klasse der Pietisten:* „Klasse" ist sonst ein Konfessionsbegriff (reformierte
    Klasse oder lutherische Klasse) und kennzeichnet hier wohl die Beson-
    derheit der Pietisten innerhalb der evangelischen Kirche.
143 *schon oft genug hingedeutet habe:* in den vorhergehenden „Fragen".
144 *Philosophie und Zeitgeist oder Partheisucht daran modelt und künstelt:*
    Weihe weist mit kritischen Ton („modelt und künstelt") darauf hin, dass
    das Verständnis der Bibel immer auch den Denkgewohnheiten und Denk-
    möglichkeiten einer Epoche entspricht. Möglicherweise versteht er diese
    Formulierung als Hinweis auf den Rationalismus und die historische Kri-
    tik, die sich zu jener Zeit in der Auslegung der Bibel bemerkbar machen,
    der gegenüber in pietistischen Kreisen an einem wörtlichen („unbefange-
    nen") Verstehen der Bibel festgehalten wird.
145 *Duttenhofer:* Christian Friedrich Duttenhofer, siehe oben Anm. 6, ver-
    fasste 1787 die kritische Schrift: Freymüthige Untersuchungen über Pie-
    tismus und Orthodoxie, vgl. Martin Brecht, Der württembergische Pietis-
    mus, in: GdP 3,225–295, hier 289 und ders., Friedrich August Weihe, 190.
146 *breite Straße nennt:* Mt 7,13; siehe oben S. 41.

nennt, nicht selig werden könne – daß das wahre Christentum[147] etwas ganz anderes sey, als der große Hauffe sich einbildet – daß der Mensch von Natur verdorben und sündhaft sey[148], und von neuen gebohren werden müsse[149] – daß Busse und Glaube[150] würklich erfahren und geübt werden müsse – daß man den Beistand des heiligen Geistes zu dem Werk der Bekehrung nicht blos theoretisch anerkennen, sondern sich desselben bedürftig fühlen und ihn erbitten müsse – daß man sich von der Welt absondern[151] und an diejenigen anschließen müsse, mit denen man gleiche Erfahrungen teilt und einen gleichen Weg zum Himmel wandelt. Ich setze hinzu, daß das, was die Pietisten Bekehrung nennen, auch bei den meisten von ihnen im Ganzen einerley Gang nimmt – daß sie viel über innere Verdorbenheit klagen, viel von Jesu und seiner Unentbehrlichkeit reden – daß sie sich recht geflissentlich von der Welt zu unterscheiden suchen, und auf ihre Trennung davon vielen Werth legen, und es ihnen in der Regel würklich Ernst damit ist, wahre Angehörige Christi zu seyn, und einst als solche von ihm erkannt und in sein Himmelreich aufgenommen zu werden. Dies sind nur einzelne Züge zu dem Bilde der Pietisten, die ich leicht noch vermehren könnte, wenn ich nicht fürchtete zu weitläuffig zu werden. Nur muß ich noch um die Billigkeit[152] bitten, daß man es den Frommen nicht zum Vorwurf mache, wenn sich unter ihnen Heuchler einschleichen, die sich aus unlautern Absichten zu ihnen halten, Ton und Sprache von ihnen annehmen, ihren Andachts=Übun-

147 *das wahre Christentum:* diese Formulierung erinnert an: Johann Arndt, Vier Bücher vom wahren Christentum, siehe oben Anm. 38.
148 *der Mensch von Natur verdorben und sündhaft sey:* vgl. Gen 6,5.11–12; 8,21; Röm 5,12–15; siehe oben S. 22–23.
149 *von neuen gebohren werden müsse:* vgl. Joh 3,5; 1 Petr 1,3.23.
150 *Busse und Glaube:* vgl. Mk 1,15.
151 *von der Welt absondern:* vgl. 2 Kor 6,17.
152 *Billigkeit:* Gerechtigkeit, angemessene Beurteilung.

gen beiwohnen, und wie ein Apostel schreibt: den Schein des gottseligen Wesens haben, aber die Kraft desselben verläugnen[153]. Unkraut hat sich von je her auf dem Acker Gottes unter dem Weizen gefunden, und 5 wird wohl nie ganz ausgerottet werden, bis der Tag der Erndte die große Scheidung vollendet[154]. So wie es nun aber Grundzüge giebt, worin sich nicht blos die menschlichen Gesichter überhaupt, sondern auch besondere National=Physionomien[155] ähnlich sind, und dennoch 10 eine unendliche Verschiedenheit zwischen den einzelnen Gesichtern statt findet: so ist es ja auch wol zu erwarten, daß unter Menschen, die in ihrem christlichen Sinn einen gemeinschaftlichen Vereinigungspunkt finden, doch eine große Verschiedenheit sich äußern kann; 15 und das um desto mehr, wenn diese Menschen über die ganze Welt verstreut sind – wenn sie sich unter allerley Nationen und in allerley Ständen finden – wenn sie nicht einerley Jugend=Unterricht genossen haben, nicht nach einerley Grundsätzen gebildet sind. Ihre ungleichen 20 Temperamente, Fähigkeiten, Erziehung, Lebensart, Lebens=Geschichte und Erfahrungen – ihr Umgang, ihre Lectüre, und eine Menge anderer geringerer oder bedeutender Umstände können so auf sie wirken, daß man Erscheinungen bey ihnen wahrnimmt, 25 die den Menschenkenner und billigen Menschen=Beobachter[156] nicht irre machen werden. Oft genug habe ich Gelegenheit gehabt zu bemerken, wie vie-

---

153 *den Schein ... verläugnen:* 2 Tim 3,5.

154 *Unkraut hat sich ... Scheidung vollendet:* das jüngste Gericht trennt die Sünder von den Gerechten, vgl. Mt 13,24–30.34–43; 25,31–33.

155 *National=Physionomien:* eigentlich „Physiognomien", national bestimmte Gesichtszüge; vgl. Heuberger, 440. Tafeln solcher Nationalgesichter (mit zugeordneten Charakter-Stereotypen) waren im 17. Jh. verbreitet; vgl. ironisch Clemens von Brentanos Erzählung „Die mehreren Wehmüller und ungarischen Nationalgesichter", Werke. Band 2, München [1963–1968], S. 653–665.

156 *billigen Menschen=Beobachter:* gerechter Beobachter der Menschen, vgl. DWb 2,28.

len Einfluß der fromme Prediger mit den Eigenthüm-
lichkeiten seines Karakters auf die frommen Glieder
seiner Gemeine hat – oder wie einzelne sich nach besondern Mustern bildeten, die ihnen vorzüglich gefie-
len, und dann sich auch wol die Fehler derselben mit an-
eigneten. So kann es denn geschehen, daß man unter
Pietisten Leute findet, die bey der Sorge für ihre Seele
zu ängstlich sind, und nie zu einem freudigen Glauben
kommen – die wol gar an andern Frommen irre werden,
wenn diese heiterer und froher erscheinen. Man kann
auf solche treffen, die zu still und Wortarm sind, und
auf andere, die zu viel Worte machen – oder auf solche,
die immer predigen, und an andere straffen und bessern
wollen, worüber sie leicht sich selbst vergessen können.
Man findet solche, die den Kreis der Auserwählten so
enge ziehen, daß nur sie selbst und wenige ihres Gleichen Platz darin haben, oder die so intolerant sind, daß
sie jede von der ihrigen abweichende Meinung und An-
sicht verdammen – oder so engherzig, daß sie auch an
andern nichts dulden wollen, was ihr ängstliches oft ir-
rendes Gewissen für unrecht hält. Manche legen zuviel
Gewicht auf das, was sie sich unter der Absonderung
von der Welt denken; andere trauen nicht leicht jeman-
den, der nicht gerade mit ihnen einerley geistliche Erfahrungen und Gefühle hat, nicht mit ihnen einerley
Sprache redet. Einige haben besondere Lieblings=Aus-
drücke, oder ein angenommenes äußeres Benehmen,
worin sie sich gefallen – andere beobachten ihre innere
Zustände und Gefühle mit einer zu ängstlichen Genau-
igkeit, gleich den Hypochondristen[157], die immer auf
ihre Gesundheit lauren[158]. Man hat ihnen auch hie und
da verkehrte Methoden in der Erziehung vorgeworffen,
wodurch sie Frömmigkeit gleichsam erzwingen, und je-

157 *Hypochondristen:* eingebildeten Kranken.
158 *lauren:* Obacht geben.

den Einfluß des Zeit= und Welt=Geistes von der Jugend abwehren wollten; so wie ich gern gestehe, daß es ihnen sehr oft an Menschenkenntniß und an der Klugheit fehlt, die denen zu wünschen ist, welche mit Erfolg
5 auf Menschen=Besserung wirken wollen. Dieses Verzeichniß von Fehlern und Mängeln, die man an einzelnen Personen aus der Klasse der sogenannten Pietisten bemerkt haben will, liesse sich vieleicht noch vermehren; ob ich gleich um alles in der Welt nicht in den bit-
10 tern, schmähsüchtigen, alles vergrößernden, alles geflissentlich verdächtig machenden Ton fallen möchte, den sich manche Ankläger des Pietismus[159] erlaubt haben. Sind Pietisten intolerant, so sind sie es doch wol noch nie in solchem Grade gewesen wie Katholiken –
15 oder wie die Philosophen, deren jeder sein System für das einzig wahre hält – oder wie die rationalistischen Rezensenten[160], über deren kränkende Behandlung selbst ein Reinhard in seinen Geständnissen klagen mußte[161]. Haben auch die Frommen ihre Mängel und
20 Gebrechen, so bestättigt sich darin, was die Bibel sagt: „Unter seinen Heiligen ist keiner ohne Tadel."[162] Sehr oft ist die Art und Weise wie fromme Menschen von ih-

---

159 *Ankläger des Pietismus:* wie z. B. Christian Friedrich Duttenhofer, vgl. Anm. 6 und 145.

160 *die rationalistischen Rezensenten:* wohl Aufklärer, die den Pietismus „rezensieren", also kritisch beurteilen wie Duttenofer (vgl. Anm. 145), auch Vertreter der so genannten Neologie, einer neuen Lehre, die im 18. Jh. vom Pietismus vorbereitet wurde, sofern persönliche religiöse Erfahrung und praktisches Christentum gefragt waren, allerdings in den Bann der Aufklärungstheologie traten und in Jesus den Lehrer der wahren Religion sahen und die Bibel historischer Kritik unterzogen, z. B. Johann Salomo Semler (1725–1791) oder Johann Joachim Spalding (1714–1804, siehe oben Anm. 87); vgl. Udo Krolzig, Art. Neologie, in: ELThG 2, 1993, 1416–1417; Albrecht Beutel, Art. Aufklärung II. Theologisch-kirchlich, in RGG⁴ 1, 1998, 941–948. Vgl. auch Martin Brecht, Der Hallische Pietismus, 328–337.

161 *Reinhard in seinen Geständnissen klagen mußte:* Franz Volkmar Reinhard (1753–1812), „Geständnisse, seine Predigten und seine Bildung zum Prediger betreffend in Briefen an einen Freund", Sulzbach (1810) 1811²; vgl. Ulrich Gäbler, Evangelikalismus und Reveil, in: GdP 3,27–84; hier: 82, Anm. 187; vgl. oben Anm. 59.

162 *Unter seinen Heiligen ist keiner ohne Tadel:* Hiob 15,15 (Luther 1545).

ren Zeitgenossen beurteilt und behandelt werden, die Veranlassung, daß sie eine Art von Opposition gegen die Weltkinder bilden, besonders wenn Prediger, in deren Gemeinen sie sich etwa befinden, unweise genug sind, in den Ton ihrer Tadler und Verfolger mit einzustimmen, und vor ihnen als Sektirern, Irrgeistern, Heuchlern, und Scheinheiligen zu warnen. Es ist wol sehr natürlich, daß alsdenn die sogenannten Pietisten ihre sehr gegründeten Klagen über die ungeistlichen Geistlichen desto lauter werden lassen, und denselben Achtung und Vertrauen entziehen, oder daß sie oft Gelegenheit suchen sich in andern Kirchen zu erbauen, wo sie bessere Seelen=Weide[163] finden – oder daß sie sich durch Privat=Andachts=Anstalten[164] zu entschädigen suchen.

Käme ein Prediger in eine Gemeine, wo er etliche solcher Glieder fände, und läge es ihm am Herzen auf das Seelenheil seiner Zuhörer kräftig zu wirken, so würde es schon die Klugheit erfordern, daß er die, welche ihm als Pietisten oder unter ähnlichen Benennungen bekannt würden, aufsuchte, sich ihnen freundlich annäherte, über ihren religiösen Sinn seine Freude bezeugte, und ihr Vertrauen zu gewinnen suchte[165]. Nur dann könnte es ihm gelingen sie über wirklich bemerkte Fehler sanft und schonend zurechte zu weisen, und ihnen nützlich zu werden.

Was man auch gegen Pietisten sagen mag: es bleibt dennoch wahr, daß sie ein Segen für die Welt sind. Es würde freilich schlimm um die Menschheit stehen, wenn man nicht überall in der Welt zu allen Zeiten, un-

---

163 *Seelen=Weide:* vgl. Ps 23,2–3.
164 *Privat=Andachts=Anstalten:* private Andachtsveranstaltungen, vgl. Anm. 126 und 127.
165 *welche ihm als Pietisten ... ihr Vertrauen zu gewinnen versuchte:* vgl. hierzu Philipp Jakob Speners ähnlich gearteten Vorschläge in: Theol. Bed. III, in: SS XIII.1,132, wo es Spener darum geht, „Kernchristen" zu gewinnen, mit denen die Gemeindearbeit vorangetrieben werden kann und muss.

ter den Völkern und Religions=Partheien noch Beispiele einzelner Tugenden anträfe: wenn es nicht noch
mäßige und nüchterne, fleißige und arbeitsame, ge-
rechte und ehrliche, Wahrheit liebende, verträgliche,
5 dienstfertige, mitleidige und wohlthätige Menschen
gäbe, die auch das Heidenthum selbst in den verderbte-
sten Zeitaltern noch aufzuweisen hatte, und die man
nicht blos unter den Pietisten aufsuchen muß. Allein
ein *christlich=religiöser Sinn* hat sich doch vorzüglich
10 unter ihnen erhalten, und sie sind es, die dieserhalb als
Lichter in der Welt erschienen[166]. Wer Schlichtegrolls
Nekrolog[167] gelesen hat, wird in diesem so wie in anderen Biographien häufig bemerkt haben, daß viele der
nützlichsten und edelsten Menschen das was sie gewor-
15 den sind, vorzüglich einer frühen religiösen Erziehung
frommer Eltern und Lehrer verdankten, und wer je
eine solche genossen hat, wird sich derselben Zeitlebens
mit dankbarer Rührung erinnern, wenn auch dabey in
seiner Jugendbildung einzelne Fehler gemacht waren.

20 Durch das würkliche Daseyn solcher recht eigentlich
religiöser Menschen wird doch immer die Aufmerksamkeit der Zeitgenossen darauf gerichtet, daß das ge-
wöhnliche weltförmige Christenthum nicht das rechte
sey, und daß die Forderungen des Christenthums, wie
25 sie im Neuen Testament deutlich ausgesprochen sind,
auch würklich befolgt werden können, so gern sich die
Mehrzahl auch vom Gegenteil überreden möchte. Wer
vermag es zu läugnen, daß das Exempel der Frommen
noch manchen rohen Sünder und manchen Weltling
30 beschämt und beunruhigt – daß ihre gelegentlichen

---

166 *als Lichter in der Welt erschienen:* vgl. Mt 5,14.
167 *Schlichtegrolls Nekrolog:* Nekrolog auf das Jahr ... enthaltend Nachrichten von dem Leben merkwürdiger in diesem Jahre verstorbener Deut-
scher. Hg. v. Friedrich Schlichtegroll, Gotha (Perthes), Bde. 1, 1790 (1791)
– 11, 1800 (1805/06), Repr.: Hildesheim, New York, NY (Olms) 1975 ff.; Nekrolog der Teutschen für das neunzehnte Jahrhundert / Hrsg. Friedrich
Schlichtegroll, Gotha (Perthes), Bde. 1 (1802) – 5 (1806).

Gespräche, Erzählungen, Belehrungen, Bestrafungen, Warnungen und Ermahnungen ein guter Same sind, der zwar oft auf betretenen Weg, auf Felsengrund und unter Dornen, oft aber auch in ein gutes Land fällt, wo er keimt und Frucht bringt[168]. Selbst die Weltkinder, wenn sie über die Frommen spotten und lästern, wissen im Grunde wohl wie sie mit ihnen daran sind, und können ihnen ihre Achtung nicht versagen; ja ich habe oft gesehen, daß man sie freiwillig an die Krankenbetten rief, und ihren Zuspruch und Gebät verlangte, oder daß man sich wünschte, ihnen im Tode ähnlich zu werden. Daher wird man mir nicht verdenken, wenn ich das Urteil unterschreibe, was Schlegel in seiner Kirchengeschichte des achtzehnten Jahrhunderts[169] von ihnen ausgesprochen hat, daß man nemlich nach allen, was über und gegen sie erinnert worden sey, dennoch gestehen müsse: sie seyn *das Salz der Erde*[170]. –

Ist der Mann, dessen Lebens=Beschreibung hier folgt, zu den Pietisten gerechnet worden, so hat er ihnen wenigstens kein Unehre gemacht, und sein Name wird unter ihnen noch lange mit Achtung und Liebe genannt werden.

---

168 *ein guter Same ... keimt und Frucht bringt:* vgl. Mt 13,4–8.
169 *Schlegel in seiner Kirchengeschichte des achtzehnten Jahrhunderts:* Johann Rudolf Schlegel, Kirchengeschichte des achtzehnten Jahrhunderts, Heilbronn 1796.
170 *Salz der Erde:* Mt 5,13.

Gottreich Ehrenhold Hartog[171], gebohren den 8ten April 1738, war der Sohn des Predigers zu Lahde im Fürstenthum Minden, *Herrn Gottreich Ehrenhold Hartog*[172]; Seine Mutter, *Frau Henriette Friederike Helene*, Tochter des Pastors und Inspectors *Sauerbrey* zu Bergkirchen[173], wurde ihm schon in seinem zweiten Lebensjahr entrissen, und seinen Vater verlohr er im sechzehnten Jahre, während er das Gymnasium in Minden besuchte, wo er sich durch seinen Fleiß und sittliches Betragen rühmlich auszeichnete. Schon früh äusserten sich bey ihm gute Anlagen, und er hatte ein besonderes Wohlgefallen an Predigten, die er mit Vorliebe schon im zwölften Jahre gern nachschrieb. Aber vorzüglich war in zarter Jugend schon ein religiöser Sinn bey ihm geweckt, der ihm beständig verblieb, und sich mit seinen Kenntnissen ausbildete. Vermöge dieses Sinnes war sein Bestreben auf wahre Gottesfurcht gerichtet. Zu dieser löblichen Gesinnung hatte der Unterricht des ehemaligen nicht unberühmten Superintendenten *Herbst* in Petershagen[174], der ihn konfirmiert hatte, und den er Zeitlebens dankbar ehrte, viel beigetragen.

---

171 *Gottreich Ehrenhold Hartog:* geb. am 8. April 1738 in Lahde an der Weser (12 km nördlich von Minden), nach dem Besuch des Gymnasiums in Minden Theologiestudium in Halle, Hauslehrerzeit, 1763–1769 Pfarrer im Dorf Löhne, 1769–1814 Pfarrer an St. Jakobi in Herford-Radewig, 1816 in Bielefeld verstorben; vgl. Bauks, 184, Nr. 2331. – H[ugo] Rothert, Die Minden=Ravensbergische Kirchengeschichte, II. Reformation und Pietismus, JVWKG 29, 1928, 147–148.

172 *Gottreich Ehrenhold Hartog:* 1663–1754 (der Vater), 1734–1754 Pfarrer in Lahde (12 km nördlich von Minden); vgl. Bauks, 183, Nr. 2328.

173 *Inspectors Sauerbrey in Bergkirchen:* Georg Heinrich Sauerbrey (1714–1773), 1742 Adjunkt in Bergkirchen, Kreis Minden, seit 1758 dort Pfarrer, vgl. Bauks, S. 428, Nr. 5317, führte als „Inspector" (s. o. Anm. 86) die geistliche Aufsicht über Bergkirchen und weitere fünf Nachbargemeinden: Volmerdingsen, Eidinghausen, Mennighüffen, Gohfeld und Löhne [das damalige Dorf Löhne]; vgl. Heinrich Müller u. a., Kleine Geschichte Bergkirchens, 25.

Im Jahr 1758 ging er nach Halle, und studirte dort die Theologie mit großem Eifer, unter Anleitung des frommen und hochverdienten *Dr. Knapp*[175] – hielt sich zugleich an das damals im besten Flor stehende Waisenhaus, in welchem er Unterricht gab, und wo er sonderlich die so nützliche und wichtige Kunst des katechisirens als ein schöne Ausbeute davon trug. Hier war es auch, wo er wieder, so wie früher in Minden, einen Kreis von Landsleuten und Freunden um sich versammelte, worin man sich nützlich und zweckmäßig unterhielt, sich gegenseitig bewachte, vor Verführung warnte, und zu allen Guten ermunterte. Auf diese Art blieb unser *Hartog* nicht nur selbst vor den jugendlichen Ausschweifungen bewahrt, die so vielen verderblich werden, sondern erwarb sich auch manches Verdienst um Freunde und Zeitgenossen, denen er so musterhaft vorleuchtete. Für sich selbst hatte er hiervon den Vorteil, daß er ohne Reue und Vorwürfe an seine Jugendjahre zurück denken konnte, und nie in den Fall kam, in der Folge vor seinen ehemaligen Universitäts=Freunden erröthen zu müssen, was sonderlich dem Theologen sehr demüthigend wird, und oft seine Freimüthigkeit hindert, wenn er hernach im Vaterlande als strenger Sittenlehrer vor Männern auftreten soll, die ehemals Zeugen seiner Ungebundenheit waren. *Hartog* trat nach vollendeten Studien als Hauslehrer in Verbindung mit dem Prediger *Sauerbrey* in Bergkirchen, dem Bruder seiner Mutter, und wurde ziemlich früh im 25sten

---

174 *Superintendenten Herbst:* Nikolaus Friedrich Herbst (1705–1773), seit 1736 Pfarrer in Petershagen und zugleich seit1753 Konsistorialrat in Minden und 1759 Superintendent; Verfasser zahlreicher theologischer Schriften; vgl. Bauks, 203, Nr. 2574.
175 *Dr. Knapp:* Johann Georg Knapp (1705–1771), seit 1727 in Halle, 1728–1732 Lehrer am Pädagogium, 1732 Prediger beim Kadettencorps in Berlin, 1733 Leiter der Lateinschule in Halle, seit 1737 Professor für Theologie in Halle. Vgl. Susanne Siebert, Art. Knapp, Johann Georg, in: BBKL 4, 1992, 119–120; – vgl. Martin Brecht, Der Hallische Pietismus, 320.329. 335.

Jahre seines Alters vom Consistorio nach Löhne als
Prediger beruffen, und obgleich diese Stelle nur klein
war[176], so nahm er sie doch um desto lieber an, weil sie
sich für seine schwachen Körper=Kräfte am besten
5 schickte. Zwar war seine Natur gut, unverdorben und
dauerhaft, und ließ ihn hernach ein hohes Alter erreichen, aber ein zu schnell und unvorsichtig geheilter
Haut=Ausschlag ließ bey ihm eine krankhafte Disposi-
tion zurück, die ihn Zeitlebens drückte, so daß er nie ei-
10 ner völligen Gesundheit genoß, und von der Schwachheit seines Körpers immer abhängig blieb. Während seiner kurzen Amtsführung in Löhne[177] habe ich selbst ihn
noch nicht beobachten können, jedoch glaubhafte Berichte von Zeitgenossen haben mir das ergänzt, was ich
15 nicht selbst in der Nähe sahe. Löhne liegt nur eine
Stunde von Gohfeld[178], wo damals *Friedrich August
Weihe*[179] als Prediger stand, von dem ich hier nicht weitläuffig zu reden brauche, da sein Andenken in dieser

---

176 *im 25sten Jahre seines Alters … diese Stelle nur klein war:* 1763; das Con-
sistorium ist die preußische Kirchenbehörde in Minden; sie berief Hartog
in das kleine Dorf Löhne mit etwa 800 Einwohnern, die wohl fast alle
evangelisch waren; 1818 hatte Löhne 855 Einwohner; vgl. die Bevölke-
rungsstatistik in: 1000 Jahre Löhne, 421. – Heute ist das frühere Dorf
Löhne ein Ortsteil der Stadt Löhne in Westfalen mit 4363 evangelischen
Gemeindegliedern; vgl. Verzeichnis der Kirchengemeinden u. a., hg. v.
Landeskirchenamt [Bielefeld] 2009, 468.
177 *kurzen Amtsführung in Löhne:* 1763–1769.
178 Die Kirchen beider Orte und die dazugehörenden Pfarrhäuser lagen etwa
5 km Fußweg auseinander.
179 *Friedrich August Weihe:* F. A. Weihe (1721–1771), seit 1751 Pfarrer in Gohfeld, einem heutigen Stadtteil von Löhne in Westfalen, vgl. Bauks 542, Nr.
6736; – umfangreiche Literaturangaben bei Peters, Zur Vorgeschichte Volkenings, 64, Anm. 5. F. A. Weihe ist der Vater von Karl Justus Friedrich
Weihe (1752–1829), seit 1774 bis zu seinem Tod Pfarrer in Mennighüffen,
heute ebenfalls ein Stadtteil von Löhne in Westfalen, vgl. Bauks 542, Nr.
6736 a; vgl. Rottschäfer, Die Erweckungsbewegungen, 23–30; Windhorst,
950 Jahre Kirchengeschichte in Mennighüffen, 46–50; zu beiden Weihes
vgl. Martin Brecht, Friedrich August Weihe, 129–189 zu F. A. Weihe; 189–
192 zu K. J. F. Weihe; vgl. auch Windhorst, 950 Jahre Kirchengeschichte
in Mennighüffen, 46–50. – Eine umfassende erbauliche Biographie „Leben
Friedrich August Weihe's" etc. von Friedrich Prött (88 S.) findet sich in
der Tholuckschen „Sonntags=Bibliothek", Bd. 6, Bielefeld 1855. Zur
Freundschaft mit Hartog ebd., 62.

Gegend noch nicht erloschen ist, und eine besondere Lebensbeschreibung von ihm[180] sich in manchen Händen befindet. Ich sage jetzt nur so viel, daß *Weihe* eben damals in einer segensvollen Wirksamkeit stand, und daß ein christlich=frommer Sinn, den viele lieber Pietismus nennen, durch ihn schon ziemlich weit in der ganzen Gegend verbreitet war[181]. *Hartog* hatte zwar in Halle auch wol fromme Männer gesehen: aber eine solche Art des Predigens und der Amtsführung wie in Gohfeld, war ihm doch eigentlich noch fremd. Er predigte in Löhne die Wahrheit, und es lag ihm gewiß am Herzen Nutzen zu schaffen, so wie auch sein eigener Wandel seinem Amte Ehre machte, und ihm die Achtung der Gemeine sicherte; allein die Menschen zu ergreiffen und starke Eindrücke auf sie zu machen, das gelang ihm wol nicht, zumal er auch gleich anfangs mit körperlicher Schwachheit zu kämpfen hatte, die ihm keine große Anstrengung erlaubte und ihn sogar nöthigte, zuweilen fremde Hülfe zu suchen und anzunehmen. Schon die nahe Nachbarschaft brachte ihn in mehrere Berührung mit *Weihe*, der sich ihm freundlich annäherte, den jungen Mann auch bald lieb gewann, bei dem er so viele gute Anlage zum brauchbaren christlichen Prediger fand, dem er seine Hülfe anbot, und sie in vorkommenden Fällen bereitwillig leistete. Ein der Wahrheit so offenes, und für alles Gutes so empfängliches Gemüth mußte sich bald zu einem Mann, wie *Weihe* war, kräftig hingezogen fühlen, und wäre er auch mit Vorurteilen gegen ihn eingenommen gewesen, wie es viele sei-

---

180 *eine besondere Lebensbeschreibung von ihm:* [Karl Justus Friedrich Weihe,] Leben und Charakter Friedrich August Weihes, Predigers zu Gohfeld im Fürstenthume Minden. Ein Beytrag zu den Nachrichten von dem Charakter und der Amtsführung rechtschaffener Prediger und Seelsorger, Minden 1780.

181 *durch ihn … in der ganzen Gegend verbreitet war:* vgl. hierzu Peters, Zur Vorgeschichte Volkenings, 67–79; 87–89.

ner Zeit= und Amts=Genossen waren, so mußten diese bei näherer Bekanntschaft bald wegfallen, und einer wahren Achtung und herzlichem Vertrauen Platz machen. Um diese Zeit geschahe es, daß ein in entferntem Lande noch jetzt als Prediger lebender Candidat[182] für den kränkelnden *Hartog* in Löhne predigte. Dieser Mann, dessen ich mich sehr wohl erinnere, legte es immer und sonderlich an fremden Orten darauf an, seine Zuhörer zu erschüttern, und sie unwiderstehlich zu ergreiffen, so daß sichtbare Rührungen entstanden, und tiefe Eindrücke zur christlichen Besserung von seinen Vorträgen zurück blieben. Ein alter nun auch vollendeter christlicher Mann in Löhne erzählte mir noch kürzlich: er selbst sey damals in der Kirche gewesen, und da die Gewalt des Redners schon alles um ihn her in Bewegung gesetzt, habe er sich noch hart gehalten – aber endlich doch der Gewalt seiner eindringlichen Vorstellungen nicht widerstehen können. *Hartog*, der auch mit in der Kirche gewesen, um noch eine Taufhandlung vorzunehmen, sey selbst so erschüttert worden, daß man ihn bei seiner Amtshandlung habe unterstützen müssen. Es sey auch diesmal nicht eine flüchtig vorübergehende Rührung gewesen, was die Löhner empfunden

---

182 *Candidat:* Christian Ludwig Seyd (1744–1825), eine „charismatische, selbst aber auch zutiefst angefochtene" Persönlichkeit und späterer Pfarrer zu Wichlinghausen/Wuppertal; vgl. Christian Peters, Ganz Vlotho scheint sich aufzumachen. 10 Aktenstücke zu den durch Friedrich August Weihe (1721–1771) angestoßenen Erweckungen in Vlotho, Exter und Lippstadt. In: JWKG 103, 2007, 75–108, hier 76. Seyd war an diesen Erweckungen in der zweiten Hälfte der 1760er Jahre beteiligt. Er schreibt in einem Brief an den „Waisenpraezeptor H[errn] Michael Meier" in Halle/Saale am 25. Mai 1768: „Ich kann Ihnen wegen Kürze der Zeit nicht weitläufig den gegenwärtigen Zustand unseres gesegneten Westfalens und besonders unserer Gegend beschreiben. Nur soviel schreibe ich Ihnen: Mein Jesus kriegt Leute, große Beute. Es scheint, als ob alles wollte aufwachen, Lehrer und Zuhörer. Unsere beiden hiesigen Lehrer [Pfarrer] sind auch erwacht und ganz Vlotho scheint sich mit aufzumachen. Gohfeld ist ein Paradies, Löhne ist eine Pflanzschule, nur noch 4 oder 5 wilde Bauern stehen darin (Häuser). Herford wacht auf". (A. a. O. 85). – Vgl. auch Peters, Vorgeschichte, 66.

hätten, sondern es sey eine sichtbare Veränderung zum
Guten darauf gefolgt. Dem dort eingerissenen wüsten
Leben, und den Ausbrüchen wilder Unsittlichkeit sey
gesteuert – man habe statt lustiger Lieder auf den
Strassen fromme Gesänge, und in den Häusern An-
dachts=Übungen gehört; und von dieser Zeit an habe
sich *Hartog* im Predigen auf einen erbaulichen Ton gestimmt, und die durch den fremden Redner entstande-
nen guten Bewegungen zu unterhalten und zu benut-
zen gesucht. Es ist hier nicht der Ort, mich über die Methode jenes Candidaten weitläufig zu erklären. Das
weiß ich wohl, daß seine Vorträge nicht aller Orten so
sichtbar wirkten, auch nicht überall den gehofften Beifall fanden, sondern meistens nur da auffallend Eindruck machten, wo man eine solche Sprache noch nicht
gewohnt war. Auch an dem Orte, wo ich lebe[183], hatte
eben derselbe Mann um jene Zeit gepredigt, und ich
habe hier noch Leute gefunden, die damals durch ihn
zur Sinnesänderung erweckt, auf dem guten Wege be-
harrlich fortgingen. Ob man nun gleich bey solchen Ge-
legenheiten von der einen Seite her über Schwärmer
und Phantasten schreien hört, und von andern Seiten
bemerkt wird, daß solche gewaltige Erschütterungen
selten eine daurende Besserung bewirken: so muß ich
doch dem letztern widersprechen, wofern nur die Rührungen der Herzen sich auf solche Vorstellungen gründen, die zugleich den Verstande als wahr einleuchten,
und also eine Überzeugung veranlassen, die sich in der
Seele vestsetzt, und auch dann noch fortwirkt, wenn die
ersten auf die Sinnlichkeit berechneten Eindrücke ihre
Kraft verlohren haben. Wer es mit der praktischen Religion gut meint, möchte ja wohl wünschen, daß ein
Mann in der so sehr erkälteten deutschen Christenheit

---

183 *an dem Orte, wo ich lebe:* Mennighüffen, heute Ortsteil von Löhne in Westfalen, wo Karl Weihe 1774–1829 Pfarrer war; vgl. Bauks 542, Nr. 6736 a.

aufträte, um sie für religiöse Gefühle so zu erwärmen,
wie ehemals Peter der Einsiedler durch seine Predigten[184] die halbe Christenheit zu den Kreuzzügen in Bewegung zu setzen wußte. Ich besinne mich nicht mehr
5 auf den Namen des Missionairs, der einst zu Paris in einem sehr verderbten Zeitalter, eine so kräftige Bußpre-
digt vor dem Hofe und dem Großen und reichen Weltleuten hielt, daß am folgenden Tag über vierzig Bischöfe
aus dem Königreiche, die um ihre Heerde unbekümmert,
10 ihre Pfründen in der Hauptstadt verpraßten, durch die
Gewalt seiner Rede erschüttert in ihre Sprengel abreise-
ten, und wenigstens das Gefühl mitnahmen, daß sie bessere Seelenhirten werden, oder sich sonst vor der ganzen
Welt schämen müßten. Könnte dieser Missionair wieder
15 auftreten, und das Gewissen aller unserer lauen oder in
Weltsinn versunkenen Prediger rege machen: wer würde
nicht Deutschland dazu Glück wünschen? Oder wer
muss es nicht als einen Segen für England betrachten,
daß nach der Mitte des vorigen Jahrhunderts dort durch
20 die Predigten Whitefields[185], Weßleys[186] und ähnlicher
Männer ein neuer Enthusiasmus für Religion geweckt
wurde, der sich sehr weit verbreitet hat und noch immer
fortwirkt. Mag man diese Menschen Methodisten[187], oder

---

184 *Peter der Einsiedler durch seine Predigten:* Petrus der Eremit („Eremita"),
Petrus von Amiens (ca. 1050–1115). Priester und Wanderprediger im
nordöstlichen Frankreich und westlichen Deutschland, Begründer der
Volkskreuzzüge. Er rief nach einer abgebrochenen Wallfahrt nach Jerusa-
lem 1095/96 besonders in der Gegend von Chartres, Köln und Trier zum
Kreuzzug auf und löste dadurch eine große Volksbewegung aus; vgl. Ve-
rena Epp, Art. Petrus von Amiens, in: TRE 26, 1996, 281–283.
185 *Whitefields:* George Whitefield (1714–1778) gehört zu den wichtigsten Er-
weckungspredigern in England und Amerika. Vgl. William Reginald Ward,
Art. Whitefield, in: TRE 35, 2003, 727–730, vgl. Anm. 33.
186 *Weßleys:* John Benjamin Wesley (1703–1791), Begründer des Methodis-
mus, vgl. Anm. 34.
187 *Methodisten:* nach Heiligung und Vollkommenheit strebende Christen, die
im Laufe des 18. Jh.s sich von der Kirche von England lösten und gegen
Ende des 18. Jh.s eigene methodistische Kirchen bildeten, vgl. William
Reginald Ward, Art. Methodistische Kirchen, in: TRE 22, 1992, 666–680.
Vgl. Anm. 32.

wie man sonst will, nennen: ihr frommer Eifer hat doch
der Christenheit in eben dem Maaß genützt, als das
steife Form=Wesen der bischöflichen Kirche sie durch-
kältet, und gegen die Religion gleichgültig gemacht. –

Selbst unsere Landleute wissen sehr gut zu unterscheiden, ob eine Predigt ihnen ans Herz komme, oder
sie kalt und unbefriedigt lasse. Noch ganz neuerlich er-
zählten mir unaufgefordert Leute aus einer Gemeine,
wo während der Vakanz mehrere benachbarte Prediger
das Amt versehen hatten: daß man doch einen großen
Unterschied spüre, ob ein Prediger den Zuhörern ans
Herz geredet, und sie so getroffen habe, daß sie still und
nachdenkend aus der Kirche zu Hause gingen – oder ob
diese die Kirche sehr gleichgültig und ungerührt verlie-
ßen. Von einem andern Orte hörte ich klagen, daß die
Gemeinsglieder aus den Predigten wenig Nutzen hätten, und auch wenig Erbauung von ihren Geistlichen
erwarteten, da sie diese aus der Kirche gleich in fröhli-
che Zirkel eilen sähen, um die übrige Zeit des Tages in
weltlichen Genüssen und Zerstreuungen zuzubringen.
Aber wer diese Seite berührt muß sich gefallen lassen
sofort als Pietist bezeichnet zu werden. – Ich kehre zu
Hartog zurück, dessen Predigten jetzt in Löhne anfin-
gen eine heilsame Verbesserung zu bewirken, die ihn
zwar sehr erfreuen, aber bey Unerfahrenheit auch an-
treiben mußten, sich an einen erfahrenern Amts=Bru-
der anzuschließen, den er in Gohfeld so nahe fand, und
der ihm mit Rath und Ermunterung willig zur Hand
ging. Von da an wurde er *Weihens* herzlicher und un-
zertrennlicher Freund, gab sich diesem mit vollem Vertrauen hin, und da *Weihe* auch im Winter, wo des Sontagsnachmittags die Kinderlehren ausfallen, oft an deren Statt in seiner Kirche für diejenigen, die weitere
Förderung in ihrem christlichen Sinn bedürfen und
wünschen, erbauliche Vorträge hielt, so geschahe es
wol, daß *Hartog* die Heilsbegierigen unter seinen Zuhö-

rern aufforderte, mit ihm dorthin zu ihrem gemeinschaftlichen Vater, wie er sich ausdrückte, zu gehen,
und so führte der Hirte seine Schaafe auf eine Weide[188],
die ihnen sehr zuträglich war. Er selbst gewann dabei
5 sichtbar an Erkenntniß und Erfahrung und bildete sich
in dieser Schule vortrefflich zu einem der brauchbarsten Christen=Lehrer und Seelsorger. –

Um diese Zeit war in Herford bey der Radewiger
Gemeine[189] durch die Absetzung eines unwürdigen Pre-
10 digers eine Vakanz entstanden[190], und es wurde den üb-
rigen Stadtpredigern beschwerlich auch die Wochen=
Predigten bey dieser Gemeine zu versehen. Eben damals hatte *Weihe* einige Candidaten im Hause, wovon
einer bereits einem benachbarten alten Prediger als Ge-
15 hülfe zugeordnet war. Einer der Vorsteher[191] der Radewiger Gemeine fand sich hierdurch veranlasst *Weihen*
zu ersuchen, daß er durch diese Candidaten die
Wochen=Predigten möchte besorgen lassen, welches
Weihe auch gern übernahm, der denn zugleich veran-
20 staltete, daß auch *Hartog* von Löhne daran Teil nahm,
und auf diese Art in Herford bekannt wurde, wo sein
Vortrag und seine ganze Persönlichkeit so vielen Beifall
fand, daß bey neuer Besetzung der Pfarre sich alle
Stimmen vereinigten, um ihn für diese Stelle zu wäh-
25 len. Der bescheidene, sich selbst noch so wenig ver-
trauende Mann, fand sich nicht sehr geneigt diesen Ruf

---

188 *führte der Hirte seine Schaafe auf eine Weide:* vgl. Ps 23,2; Ez 34,14; Joh
10,3; Apk 7,17.

189 *Um diese Zeit war in Herford bey der Radewiger Gemeine:* 1769, Kirchengemeinde im Stadtteil Herford-Radewig mit der St. Jakobi-Kirche aus
dem 14. Jh., Pilgerkirche am Jakobsweg bis 1530, seit 1590 evangelisch-
lutherische Pfarrkirche, an der Hartog von 1769 bis zu seiner Pensionierung 1814 Pfarrer war. Vgl. unten Anm. 283. – Vgl. hierzu Heinz Henche,
Kirchenchronik, 9–10 und 38–43.

190 *durch die Absetzung eines unwürdigen Predigers eine Vakanz entstanden:*
Johann Philipp Wehrkamp war von 1761–1769 Pfarrer an St. Jakobi; der
Grund für die Amtsenthebung ist nicht bekannt; vgl. Heinz Henche, Kir-
chenchronik, 37, und Bauks, 541, Nr. 6724.

191 *Vorsteher:* Presbyter oder Kirchenältester.

anzunehmen; aber *Weihe* wußte seine Bedenklichkeiten zu überwinden, und hielt sich überzeugt, daß er gerade der Mann sey, der sich für diesen Platz am besten schicke, wie denn auch der Erfolg bewiesen hat, daß er hierin keinen Fehlgriff gethan hatte. Aber es hielt schwer den Mann, der in Löhne so nützlich wirkte, von einer ihm so lieb gewordenen Gemeine, und diese von ihm loszureissen. *Weihe* ging nach Löhne, und seine Überredungskraft, so wie das Ansehen in welchem er dort stand, beruhigte die Gemeine über den Verlust eines so sehr geliebten Seelsorgers um desto leichter, da letzterer ihnen auch nach seiner Amts=Veränderung nahe genug blieb, und wer ihn hören, oder sich seines Raths bedienen wollte, den Weg zu ihm nicht zu weit fand, wie denn auch *Hartog* noch lange nach seinem Abzuge, und zum Teil bis an seinen Tod auf seine erste liebe Gemeine einen gesegneten Einfluß behielt. Mit seinem Anzuge in Herford eröffnete sich ihm ein neuer und weiterer Wirkungskreis. In Löhne war seine Kirche und Gemeine klein[192] – in Herford die Gemeine wol eben nicht zahlreicher, aber die Kirche größer, und gleichwohl nicht zu groß für seine schwache Brust und Stimme. Sie fasste eine beträchtliche Anzahl Zuhörer[193], die sich denn auch reichlich bey ihm einfanden, nicht nur aus der Stadt, sondern auch hauptsächlich von den benachbarten Landleuten, die aus den vielen nahe umher liegenden Dörfern, deren die meisten in Herford eingepfarrt sind, ihm zuströmten. Es vereinigten sich mehrere Umstände, die ihm teils zur Erleichterung, teils zur Aufmunterung gereichen mußten. Die Gemeine, die unter seinem Vorgänger so sehr verwarloset war, nahm den neuen bessern Hirten, der ihr

---

192 *In Löhne war seine Kirche und Gemeine klein:* s. o. Anm. 176..
193 *beträchtliche Anzahl Zuhörer:* die Jakobikirche hat mit den Emporen 600 Sitzplätze.

in Lehre und Leben so herrlich vorleuchtete, mit desto
größerer Liebe und Achtung auf, und seine treuen Bemühungen fanden den erwünschtesten Eingang. In der
Stadt selbst war schon früher ein religiöser Sinn er-
5   wacht, der sogar einige der angesehensten Familien ergriffen hatte, und viele Einwohner fanden den Weg nach
Gohfeld nicht zu weit[194], um sich dort manchen Sonntag
zu erbauen. Auch unter den Landleuten um Herford waren hie und da viele gute Regungen und viele Begierde
10   nach den Vorträgen frommer Prediger, und einige Schullehrer, die gleichfalls von diesem Sinn belebt waren,
wirkten mit zur weiteren Verbreitung desselben, und
fanden an *Hartog* den Mann, der sie teils belehren, und
ermuntern, teils in ihrer Thätigkeit verständig leiten
15   konnte.

   Auf welchen Zweck *Hartog* in seinem Amte hinarbei-
tete, und nach welcher Methode er dabey verfuhr brauche ich nicht weiter auseinander zu setzen, nachdem ich
in meinen vorangeschickten Bemerkungen über Pietis-
20   mus mich genugsam darüber geäußert habe. Es kommt
hier nur darauf an, zu zeigen was *Hartog* bey seiner Art
zu predigen und in seiner ganzen Amtsführung eigen-
thümliches hatte, wodurch er sich von andern frommen
Predigern seines Zeitalters[195] unterschied und vor vie-
25   len rühmlich auszeichnete. Jeder hat seine eigene Gabe,
und je besser er diese teils auszubilden und zu veredeln,
teils weise und treu anzuwenden sucht, desto nützlicher wird er werden, und mehr ausrichten als wenn er
nach andern Talenten strebte, die ihm nicht natürlich
30   sind, oder durchaus andere berühmte Männer nachah-
men will, die er nicht erreichen kann; wobey doch nicht

---

194   *Weg nach Gohfeld nicht zu weit:* von Herford gut 2 Stunden Fußmarsch
     für ca. 12 km.
195   *frommen Predigern seines Zeitalters:* siehe unten die Anm. 196–210; vgl.
     hierzu Jürgen Kampmann (Hg), Die Lutherische Konferenz in Minden-
     Ravensberg, 12–14, dort auch weitere Namen und Literaturangaben.

ausgeschlossen wird, daß man von andern sehr vieles zu lernen und sich anzueignen vermag; nur muß letzteres auf eine natürliche und ungezwungene, der Persönlichkeit eines jeden angemessene Weise geschehen. Indem ich dieses erinnere, schweben mir die Bilder mancher 5 Amtsbrüder vor, die *Hartogs* Zeitgenossen und fast alle auch seine Freunde waren, und ich kann mirs nicht versagen, wenigstens die Namen derer zu nennen, die bereits ihre irrdische Laufbahn vollendet haben und an den Orten, wo sie wirkten, auch meistens in gutem An- 10 denken sind: Dreckmann[196], Edler[197], Jellinghaus[198], Hambach[199], Kottmeier[200], Mauritii[201], Mezler[202], Rauschenbusch[203], Rudolphi[204], Scherr[205], Schumacher[206],

---

196 *Dreckmann:* von den bei Bauks mit dem Namen Dreckmann genannten Pfarrern könnten am ehesten die im nahen Vlotho an der Weser tätig gewesenen in Frage kommen: 1. der nach seiner Pensionierung 1773 in Herford noch zur Amtszeit Hartogs verstorbene [genaues Todesdatum unbekannt] Peter Henrich Dreckmann (geb. 1699) war von 1723 bis 1773 Pfarrer in Vlotho, vgl. Bauks, 103, Nr. 1323; 2. Bernhard Georg Dreckmann II. (1731–1811) war seit 1755 2. Pfarrer, seit 1773 1. Pfarrer in Vlotho, vgl. Bauks, 103, Nr. 1325. Vgl. auch Peters, Ganz Vlotho scheint sich aufzumachen (wie Anm. 182), 75–77.

197 *Edler:* Johann Friedrich Edler (1709–1783), seit 1741 Hilfsprediger, seit 1765 Pfarrer in Gütersloh. Seine Biographie schrieb Anton Gottfried Hambach, Leben und letzte Stunden des Herrn Johann Friedrich Edler, gewesenen 42jährigen Predigers der Gemeinde zu Gütersloh, Minden 1784; vgl Bauks, 112, Nr. 1430.

198 *Jellinghaus:* Henrich Johann Jellinghaus (1734–1772) Pfarrer in Minden, St. Simeonis, 1758–1772. „Über ihn [gibt es] eine Gedächtnispredigt von Johann Friedrich Wesselmann." Bauks, 233, Nr. 2960; vgl. u. Anm. 210.

199 *Hambach:* Anton Gottfried Hambach (1736–1819), seit 1767 Adjunkt (= Hilfspastor), 1769–1777 Pfarrer in Exter (heute Ortsteil von Vlotho), vgl. Bauks, 178, Nr. 2262, vgl. auch Anm. 197.

200 *Kottmeier:* Dietrich Heinrich Kottmeier (1732–1795), seit 1761 Pfarrer in Lahde, seit 1772 in Minden, St. Simeonis, zugleich Konsistoriumsassessor und Senior, vgl. Bauks, 272, Nr. 3423; sein Bruder Friedrich Wilhelm Kottmeier (1739–1799), seit 1773 Pfarrer in Minden, St. Marien, 1793 Mitglied des Konsistoriums und 1796 Konsistorialrat und Senior; vgl. Bauks, 272, Nr. 3424.

201 *Mauritii:* Friedrich Maximilian Mauritii (Mauritius) (1725–1799), seit 1754 Prorektor am Mindener Gymnasium, 1758 Pfarrer in Minden, St. Martini, 1763 Senior, 1768–1789 Professor und Konsisorialrat in Bützow/Mecklenburg; vgl. Bauks, 317, Nr. 3994.

202 *Mezler:* Theodor Metzler (ca. 1733–1781), seit 1758 Pfarrer an St. Jakobi in Lippstadt, vgl. Bauks, 329, Nr. 4144.

Schuß[207], Stopffel[208], Wehrkamp[209], Wesselmann[210].
Wer diese Männer, die zu ihrer Zeit für Beförderer des
Pietismus gehalten wurden, nur einiger maaßen gekannt hat, wird sich wol erinnern, wie jeder derselben
sich durch seinen Karakter von den andern unterschied, und wie vielen Einfluß dieses auf ihre Amtsführung so wie auf ihre Nutzbarkeit hatte. Daß *Hartog*
sehr viel von *Weihe* angenommen, und in dessen Geist
und Sinn gearbeitet habe, ist schon bemerkt worden;
und doch war und blieb *Hartog* ganz originell, und ging
seinen eigenen Gang.

Seine Predigten waren im eigentlichen Verstande
populär, sowol was die Materie als was den Vortrag
betrifft. Es waren keine trockene Abhandlungen – alles
war durchaus praktisch, den Bedürfnissen der Menschheit angemessen. Er hatte immer den großen Zweck vor
Augen, seine Zuhörer zu erleuchten, zu bessern und zu

---

203 *Rauschenbusch:* Hilmar Ernst Rauschenbusch (1745–1815); 1771–1790
Pfarrer in Bünde, dann bis 1815 Pfarrer in Elberfeld; vgl. Bauks, 398 f.,
Nr. 4941; Hans-Martin Thimme, Hilmar Ernst Rauschenbusch – ein Vater der Erweckung, in: JWKG 97 (2002), 65–103, und ders., August Rauschenbusch, 19–23.

204 *Rudolphi:* Ernst Heinrich Rudolph (1738–1807); wirkte in der Münster-
kirchengemeinde in Herford in verschiedenen Positionen seit 1761 als
Adjunkt und Pfarrer, seit 1790 als Senior; vgl. Bauks, 419, Nr. 5202. Siehe
auch unten S. 125.

205 *Scherr:* Johann Christoph Scherr, auch: Scheer (1747–1804), seit 1774
Pfarrer und Canonicus an der St. Marien-und-Georgen-Kirche in Bielefeld
Neustadt; vgl. Bauks, 434, Nr. 5386.

206 *Schumacher:* Matthias Gottlieb Schumacher (1738–1773), seit 1764 Pfarrer in Mennighüffen; vgl. Bauks, 465, Nr. 5758.

207 *Schuß:* Johann Gottfried Schuss (1751–1809), Pfarrer in Bünde seit 1776;
vgl. Bauks, 466, Nr. 5764.

208 *Stopffel:* Johann Volkmar Stopfel (gest. 1790), seit 1764 Rektor in Versmold und zugleich seit 1769 Adjunkt in Bockhorst, seit 1775 Pfarrer in
Rhaude / Hannover; vgl. Bauks, 497, Nr. 6167.

209 *Wehrkamp:* Carl Friedrich Wehrkamp (1741–1802), Pfarrer in Löhne
1772, seit 1776 Pfarrer in Werther (21 km südwestlich von Herford); vgl.
Bauks, 541, Nr 6725.

210 *Wesselmann:* Johann Friedrich Wesselmann (1735–1789), 1764–1789
Pfarrer in Minden, St. Martini, verfasste: Die vornehmsten Lehren des
Christenthums zum Unterricht für Kinder, Minden 1785; vgl. Bauks, 550,
Nr. 6835. Vgl. Anm. 198.

beruhigen – aufzuthun ihre Augen, daß sie sich bekehrten von der Finsterniß zum Licht, von der Gewalt des
Satans zu Gott[211] etc. Er wollte sie zum Reich Gottes
in diesem und dem zukünftigen Leben erziehen, sie
zur Gemeinschaft Gottes führen, ächten christlichen   5
Sinn in ihnen erwecken. Darum verkündigte er ihnen
die in Christo Jesu erschienene heilsame Gnade
Gottes[212], zeigte aber auch, wie diese uns züchtigen
müsse zu verläugnen das ungöttliche Wesen und die
weltlichen Lüste[213] etc. – Sein Vortrag war auch dem   10
Ungebildeten faßlich genug, war durchaus nicht
geschmückt, zierlich, künstlich abgerundet, die Ohren
kitzelnd[214] – sondern natürlich und meistens für den
Gemeinen Mann berechnet, und die Sprache für diesen
verständlich, ohne in's platte, unedle und Niedrige zu 15
fallen. Seine Predigten waren biblisch, das heißt nicht
bloß: in Worten der Bibel verfaßt, oder aus biblischen
Sprüchen zusammengesetzt, sondern im Geist der Bibel, deren Lehren er so vortrug, wie sie der gemeinste[215]
Bibelleser darin finden muß, dem der Gesichtspunkt   20
noch nicht durch verkünstelte Auslegungen verrückt
ist[216]. Er hielt sich überzeugt, daß gerade die biblischen
Lehren und Vorstellungen, die in seinem Zeitalter so
häufig verdrängt, verdreht, verunstaltet und durch
menschliche Weisheit unter dem Schein von Verbesse-   25
rung und Veredlung verfälscht wurden, die höchste
Weisheit enthielten, und auf die Menschen am kräftigsten wirkten. Er trieb das, was man die christliche

---

211 *daß sie sich bekehrten … Gewalt des Satans zu Gott:* Apg 26,18.
212 *erschienene heilsame Gnade Gottes:* Tit 2,11.
213 *uns züchtigen müsse, … und die weltlichen Lüste:* Tit 2,12.
214 *die Ohren kitzelnd:* vgl. 2 Tim 4,3.
215 *der gemeinste:* der ganz und gar ungebildete, schlichte Bibelleser, vgl. DWb 5,3206.
216 *Gesichtspunkt noch nicht durch verkünstelte Auslegungen verrückt ist:* vom wörtlichen Sinn, etwa durch historisch-kritische Auslegung abwei-chendes Schriftverständnis.

Heilsordnung[217] nennt, ganz der Bibel und den ältern Lehrbüchern unserer Kirche angemessen[218], aber erfahrungsmäßig, so das er nicht nur darauf drang, man müsse die Veränderungen, die zu unserer Besserung und Heiligung erforderlich sind, würklich an sich erfahren, sondern daß er auch für den einfältigsten begreiflich über das Werk Gottes in seinem Anfange und Fortgange redete, die Hindernisse so wie die Förderungs=Mittel zeigte, dem Sünder seine Entschuldigungen und die falschen Stützen seiner Beruhigung wegnahm, vor Selbstbetrug warnte, den Heuchler entlarvte – den sichern weckte, den Leichtsinnigen erschütterte, – aber auch den Niedergeschlagenen aufrichtete, den Trostbedürftigen tröstete, den Muthlosen belebte, den Trägen antrieb, den Schwachen stärkte, den Unlautern strafte, den Ausschweifenden einschränkte – und auf diese Art für die geistigen Bedürfnisse aller zu sorgen beflissen war.

Wer seine gedruckten Predigten[219] kennt und zur Hand hat, wird dieses alles und noch mehr auf die befriedigendste Weise darin bestättigt finden; und wer sich auch weder geneigt noch fähig fände seine Methode nachzuahmen, wird sie doch billigen müssen, wird vieles von ihm lernen, und wird sich daraus erklären können, daß ein solcher Mann viel Gutes wirken mußte.

---

217 *die christliche Heilsordnung:* Der ordo salutis (Weg oder Ordnung des Heils) beschreibt den Weg des Menschen zum Heil durch das Wirken der göttlichen Gnade und durch den Heiligen Geist auf der Grundlage der Rechtfertigung des Sünders allein durch den Glauben. Vgl. Manfred Marquardt, Art. Ordo salutis, I. Dogmatisch, in RGG⁴, 6, 2003, 637–639.

218 *den ältern Lehrbüchern unserer Kirche angemessen:* möglicherweise ist das Konkordienbuch von 1580 gemeint, in dem die lutherischen Bekenntnisse zusammengefasst sind: „Concordia. Christliche, wiederholte, einmütige Bekenntnüs nachbenannter Churfürsten, Fürsten und Stände Aufgsburgischer Confession und der selben Theologen Lehre und Glauben"; vgl. Ernst Wolf, Art. Konkordienbuch in RGG³ 3, 1959, 1776–1777.

219 *seine gedruckten Predigten:* siehe Literaturverzeichnis der Schriften Hartogs, unten S. 136.

Hartog war auch darin originell, daß er gern in Bildern redete, und die Bilder der Bibel=Sprache nicht nur gern gebrauchte, sondern auch weiter ausmalte. Er ahmte darin die Lehrweisheit unsers großen Meisters nach, der bekanntlich fast immer zum Volk in Bildern und Gleichnissen redete[220]. Man irrt sich wenn man glaubt, daß die Bilder=Sprache nur dem Morgenländer eigen, und vorzüglich nur für die Juden passend gewesen sey. Ist es nicht auffallend, daß alle Bruchstücke, die wir von der Sprache des gemeinen Lebens, oder von den Ausdrücken religiöser Gefühle bei den Wilden in Nordamerika[221] haben, grade eben diese Bilder=Sprache darstellen – zum sichern Beweise, daß der unkultivirte Natur=Mensch immer am liebsten in Bildern redet und reden hört. Wer auch bei uns den gemeinen Mann kennt, muß es bald bemerken, daß er gern in Bildern redet; die Bücher=Sprache ist ihm fremd – man muß die Sprache des gemeinen Lebens möglichst mit ihm sprechen, und die abstrakten Begriffe zu versinnlichen suchen.[222] Die Bibel ist fast das einzige Buch, das der gemeine Mann in die Hände bekommt; daher ist ihm in Religions=Sachen die Sprache der Bibel die verständlichste und geläuffigste, und wer diese recht zu gebrauchen versteht, predigt für ihn am erbaulichsten. Dies

---

220 in *Bildern und Gleichnissen redete:* vgl. Mt 13,3.34.
221 *bei den Wilden in Nordamerika:* gemeint sind die Angehörigen indianischer Stämme. Mit „Wilden" bezeichnete man allgemein Ureinwohner („unkultivierte Naturmenschen") anderer Kontinente. Zum Bilderreichtum z. B. der Indianersprachen und seiner Funktion, vgl. Benjamin Lee Whorf: Sprache, Denken, Wirklichkeit. Beiträge zur Metalinguistik und Sprachphilosophie, hg. und übers. v. Peter Krausser, Reinbek 1963 [31979] (Rowohlts deutsche Enzyklopädie 174), insbes. S. 14–17, 32–35, 74–119.
222 Vgl. Martin Luthers Bemühungen um verständliche Sprache in: Ein Sendbrief D. M. Luthers. Vom Dolmetschen und Fürbitte der Heiligen. 1530. WA 30 II; 627–646. Bei Philipp Jakob Spener (1635–1705) findet sich das gleiche Bemühen in den Amtsregeln eines Pfarrers und Predigers, Theologische Bedenken, III. Teil, in: Philipp Jakob Spener, Schriften, hg. v. Erich Beyreuther, Bd. XIII.1, Hildesheim u. a. 1999, 655 f.; vgl. dazu Windhorst, Spener und die Gemeinde, 161–162.

führt mich auf die Bemerkung, daß eben wegen der Bilder=Sprache die alten Kirchenlieder dem gemeinen Christen besser gefallen als die neuen, aus welchen man jene Sprache verdrängt hat, und die ihm daher bald zu
5 gekünstelt, bald zu wässerig und geistlos sind, und seinem Gefühl nicht entsprechen. – Ich kann mich nicht enthalten, hier ein Bekenntniß des würdigen Nösselt aus seiner Lebensbeschreibung[223] einzurücken, das ich aus vielfältiger Erfahrung an mir selbst, und Beobach-
10 tung an andern bestättigen kann:

„Es hat sich eine Menge vortrefflicher Lehren und Maximen in Sprüchen der Bibel und Versen aus Liedern meinem Gedächtniß eingeprägt, die mir noch ein unaussprechlicher Schatz sind, leicht sich der Seele gele-
15 gentlich darstellen, mehr Ermunterung zum Guten, als Spekulation geben, und mich kräftig erinnern und trösten; selbst zu solchen Zeiten, wo ich weder eines anhaltenden Nachdenkens fähig, noch zu lebhaften Vorstellungen aufgelegt bin. Wie ich daher selbst in der
20 Folge freiwillig, ja noch jetzt so viel ich kann dergleichen Kernsprüche mir eingeprägt habe: so kann ich nicht dringend genug allen, die Kinder erziehen, so wie den Volkslehrern empfehlen, ja zu dieser Übung ihre Zuhörer anzuhalten. Wenn man ihnen auch im Anfange nicht
25 den ganzen Sinn des so gelernten klar machen kann: hinterdrein werden sie ihn beym Wachsthum ihrer Erkenntniß schon verstehen lernen." – – „Eine unvollkommene Frömmigkeit ist doch besser als gar keine. Man denke doch ja nicht, dass wenn jemand eine An-
30 dachts=Formel gebraucht, die, wie wir glauben, Unsinn enthält, oder höchst willkührliche, ja irrige Vorstellun-

---

223 *Nösselt aus seiner Lebensbeschreibung:* Johann August Nösselt (1734–1807); Leben, Charakter und Verdienste Johann August Nösselts: nebst einer Sammlung einiger zum Theil ungedruckten Aufsätze, Briefe und Fragmente. Hg. v. August Hermann Niemeyer. Halle, Buchhandlung des Hallischen Waisenhauses 1809. Vgl. Brecht, Der Hallische Pietismus, 336.

gen: dies alles blos ein mechanischer Gottesdienst, keine wahre Andachts=Übung, woran das Herz wirklich Anteil nehme, sondern bloße Grimasse sey. Denn wenn er gleich bei manchen Ausdrücken nicht das denkt, was nach dem Sprachgebrauch dabei gedacht werden müsse, und wenn er überhaupt bei einem solchen Ausdruck nichts ganz deutlich denkt, oder es durch andere Worte zu verdeutlichen vermag, so schwebt doch bei jedem, der nicht leichtsinnig oder ganz gedankenlos ist, die oft sehr lebhafte Vorstellung in der Seele: jetzt erhebe ich mich zu Gott, und die wenn auch noch so undeutliche Vorstellung: Er ist's allein, von dem ich alles Gute und alle Schonung erwarten kann und darf, erzeugt wahre Teilnehmung, und kann, wenn wir uns bewußt sind, daß wir gut mit ihm stehen, und uns seiner freuen können, bis zum Entzücken steigen, ohne daß diese Empfindung durch jene Nebendinge und unbequeme Ausdrücke, Bilder oder Vorstellungen nothwendig gestört würde. Man nehme z. E. das Lied: *Die Seele Christi heil'ge mich*[224], gegen dessen Inhalt und Ausdrücke sich soviel sagen läßt – oder die schönen Gesänge: *Wie schön leucht't uns der Morgenstern*[225] etc. – *Wachet auf! rufft uns die Stimme*[226] etc., in welchen bey so manchen höchst wunderlichen Vorstellungen und übel gebrauchten Bildern, doch ein durchaus herzerhebender Geist herrscht – wie sehr kann ein wahrhaft frommer Mensch dadurch zu wahrer Andacht hingerissen werden!"

---

224 *Die Seele Christi heil'ge mich:* Passionslied von Johann Scheffler (1624–1677) nach dem Hymnus „Anima Christi sanctifica me", 14. Jh., noch vorhanden in: Christliches Gesangbuch für die evangelischen Gemeinden des Fürstentums Minden und der Grafschaft Ravensberg. Gütersloh 1900, Nr. 95, und in der ravensbergischen Region noch einmal aufgenommen in: Gesangbuch der Zionsgemeinde in Bethel. Bethel bei Bielefeld 1950, Nr. 555.

225 *Wie schön leucht't uns der Morgenstern:* Epiphaniaslied von Philipp Nicolai (1556–1608) 1599, EG 70.

226 *Wachet auff! Rufft uns die Stimme:* Lied zum Ende des Kirchenjahres von Philipp Nicolai (1556–1608) 1599, EG 147.

Welch ein schönes Licht werffen diese Bemerkungen und Erfahrungen auf die weise Methode unsers Heilandes, der doch unstreitig der größte Menschen=Kenner war, und der nicht nur überhaupt gern in Bildern und Gleichnissen redete, sondern sich auch oft absichtlich dunkel ausdrückte, und es dem Nachdenken der Zuhörer überließ, den Sinn heraus zu finden, den selbst seine Jünger so schwer faßten; wobei er sich nicht daran kehrte, wenn seine Zeitgenossen manches ganz unbegreiflich fanden, wie in der bekannten Rede Joh. 6.[227] von sich als dem Brodte des Lebens, und von seinem Fleisch und Blute als dem besten Nahrungsmittel des geistlichen Lebens.

Eigenthümlich war bei *Hartog* auch die Art seiner Vorbereitung auf seine Predigten. Nemlich er schrieb davon vorher nichts auf: dieses that er erst nachher wenn er sie gehalten hatte; und doch waren seine Vorträge bis auf den kleinsten Teil durchdacht und geordnet, und man muß sein treffliches Gedächtniß bewundern, welches ihn in Stand setzte das vorher durchdachte so treu zu bewahren, und hernach auf's Papier zu bringen. Dies ist etwas seltenes; und doch erinnere ich mich noch kürzlich von einem berühmten Prediger in Lübeck[228] dieselbe Bemerkung gelesen zu haben, daß er nie seine Predigten aufgeschrieben.

---

227 *die weise Methode unsers Heilandes … in der bekannten Rede Joh. 6:* Joh 6, 48–58; vgl. Mt 13,3.10–17.19.51–52; 16,11–12; Mk 4,10–13. Vgl. auch Anm. 220.

228 *kürzlich von einem berühmten Prediger in Lübeck:* gemeint ist vermutlich Johannes Geibel (1776–1853), Pastor der reformierten Gemeinde in Lübeck; vgl. Wolf-Dieter Hauschild, Kirchengeschichte Lübecks. Christentum und Bürgertum in neun Jahrhunderten, Lübeck 1981, 381–385. Geibel war „berühmt" wegen seiner patriotischen Predigten in der französischen Besatzungzeit. Mit „kürzlich" könnte hingewiesen sein auf: Prüfet Alles, und behaltet das Gute. Reden für evangelische Freiheit und Wahrheit, von Dr. Johannes Geibel, Prediger der evang. reformirten Gemeine zu Lübeck, Lübeck und Hamburg 1818.

Wenn man *Hartog* hörte, so fand man nicht das bei ihm, was von manchen großen Kanzelrednern gerühmt wird – nicht eine sonore volltönende Stimme, nicht einen fortströmenden Fluß der Rede, der den Zuhörer angenehm unterhält und mit sich fortreißt – nicht eine kunstmäßige Deklamation oder abgemessene Gesticulation. Seine schwache Brust erlaubte ihm nichts von dem allen: und dennoch wurde er interessanter und erbaulicher als mancher, dem alle natürliche und erworbene Redekünste zu Gebot stehen. Er wurde es schon durch den Inhalt, oder das Materielle seiner durchaus praktischen, lichtvollen, den Verstand überzeugenden und das Herz ergreiffenden Vorträge; er wurde es durch das sich jedem Hörer mitteilende Gefühl, daß er selbst durchdrungen sey von der Wahrheit und Wichtigkeit dessen, was er sagte, und daß ihm alles von Herzen gehe; er wurde es durch die Innigkeit und Herzlichkeit, womit er sprach, und durch die Mühe, die er sich gab, bei seiner schwachen Brust doch die Eintönigkeit zu vermeiden, und seiner Stimme Abwechslung, Modulation und Wohllaut genug zu geben und die Hauptworte gehörig zu betonen: Er interessirte sogar durch sein krankhaftes Aussehen, welches eine ihm günstige Teilnahme an dem als fromm bewährten Manne erweckte, der, ohne sich selbst zu schonen, mit Aufopferung seiner Kräfte, und oft mit der sichtbarsten Anstrengung jede Gelegenheit ergriff, um so dringend als es ihm möglich war an die Herzen seiner Zuhörer zu reden.

Aus dem Gesagten erklärt sich genugsam, daß ein Mann wie *Hartog* von solchen Zeitgenossen, die für christliche Belehrung und wahre Erbauung Sinn haben, in seiner Kirche nicht nur Sontags, sondern auch in Wochenpredigten und Kinderlehren fleissigen Zuspruch haben, und ein Publikum um sich versammeln mußte, das mit Liebe und Vertrauen an ihm hing. Dieser Beifall, der mehr innern und wahren Werth hat, als

das Posaunen=Lob der gefeierten Kanzelredner, zu denen oft die vornehme Welt blos der angenehmen Unterhaltung wegen des Morgens hingeht, wie sie Abends das Schauspiel besucht – dieser Beifall sag' ich, wirkte dann
5 wieder wohltätig auf ihn selbst zurück, nicht um ihn stolz zu machen – denn davon war niemand entfernter als Er, – sondern seinen Muth zu beleben, seinen Geist zu erheitern, und den Eifer in ihm rege zu erhalten, auch die letzte Kraft anzuwenden, um im Dienste sei-
10 nes HErrn nicht faul und unfruchtbar erfunden zu werden[229]. Man darf nicht denken, daß er sich in dem langen Zeitraum von funfzig Jahren ausgepredigt und immer wiederholt habe; davor sicherte ihn teils sein fruchtbares Genie, welches ihn immer etwas erfinden
15 ließ, wodurch seine Vorträge den Reiz der Neuheit behielten – teils die Achtung für seine Zuhörer, denen er gern interessant bleiben wollte; und so wußte er die alten Wahrheiten immer von neuen Seiten, oder in neuen Verbindungen und Einkleidungen seinem Publikum
20 wieder wichtig zu machen. Auch suchte er seinen eigenen Ideen=Kreis immer zu erweitern, und den Schatz seiner Kenntnisse und Erfahrungen zu bereichern, damit er als ein kluger Hausvater aus seiner Vorrathskammer altes und neues[230] auftischen konnte.
25 Ja, er war so wenig selbstgenügsam, daß er auch wol jüngere Amtsbrüder um Mitteilung ihrer Predigt=Entwürfe bat, oder in dieser Absicht einen Tausch mit ihnen einging; wobey man bemerken konnte, daß er fremde Arbeiten, wenn er diese benutzte, sich doch im-
30 mer erst zu eigen machte, sie nach seiner Weise formte, und gewiß durch seine Zusätze bereicherte und verbesserte.

---

229 *faul und unfruchtbar erfunden:* 2 Petr 1,8; vgl. 2 Kor 8,22.
230 *Hausvater … altes und neues:* Mt 13,52.

Aber er wollte nicht blos auf der Kanzel und in der Kirche Prediger seyn, sondern sich auch als ein guter Hirte seiner Heerde nach allen ihren Bedürfnissen annehmen, und er rechnete die besondere Seelsorge eben so sehr zu seinen Pflichten, als das öffentliche Lehren und katechisiren. So wie seine Predigten mehr und mehr auf die Gemüther der Zuhörer wirkten und in denselben allerley heilsame Bewegungen und Entschliessungen zur christlichen Besserung hervorbrachten; so wurde es jetzt eine natürlich Folge hiervon, daß viele sich in den Angelegenheiten ihres Herzens seine nähern Belehrungen und Anweisungen wünschten, und dieserhalb zu ihm ins Haus gingen. Da gab es Sünder, die bei erwachtem Gewissen sich nicht zu rathen wußten – Bekümmerte, die er aufrichten, Angefochtene, die er beruhigen, Verzagte, die er trösten, Ängstliche, die er in zweifelhaften Fällen zurechte weisen sollte. Mancher wollt ihm auch gern erzählen, was Gott an seiner Seele gethan habe – mancher kam aus Liebe, um seine lehrreichen Gespräche noch mehr zu genießen, sich noch ein gutes Wort von ihm sagen zu lassen, und die Geistes= und Herzens=Gemeinschaft mit einem Manne zu unterhalten, in dessen Nähe man sich immer zu frommen Gesinnungen erweckt, oder darin gestärkt fand. Dieser specielle erbauliche Umgang ist nun freilich keine Sache für die gewöhnlichen Prediger, die dazu weder Lust, noch auch die Fähigkeit haben denselben ihren Gemeinsgliedern[231] nützlich zu machen – es ist beinahe ein karakteristisches Merkmal derer, die man Pietisten nennt. Aber diese wissen auch, wie eben diese besondere Seelsorge, die den Lehrer in nähere Verbindung mit seinen Zuhörern bringt, ihn erst recht in den Stand setzt sein Amt in Segen zu führen. Hier gewinnt seine Menschen=Kenntniß. – Hier

---

231 *Gemeinsgliedern:* Gemeindegliedern.

lernt er insonderheit seine Gemeinsglieder nach dem Maaß ihrer christlichen Erkenntniß, nach ihrer Art zu denken und zu empfinden, nach ihren irrigen Begriffen, nach ihren geistigen Bedürfnissen, nach ihrer Schwä-
5 che und ihren Kräften, nach ihren Gefahren und Versuchungen, nach den Hindernissen ihrer Besserung, oder ihrer Empfänglichkeit für gute Eindrücke kennen. Hier sammelt er die besten Materialien für seine wirksamsten, passendsten Vorträge – hier knüpft sich ein
10 Band zwischen ihm und ihnen, das für beide Teile die segensvollesten Früchte bringt. Durch diese specielle Seelsorge wird der Prediger für seine Gemeine erst recht nützlich und darf sich die Vorwürfe nicht zueignen, die Hesekiel Cap. 34[232] den treulosen Hirten ge-
15 macht werden.

Offenbar haben in dieser Absicht die katholischen Geistlichen viel vor uns Protestanten voraus: teils durch die Privat= und Ohren=Beichte, die sie in das Herz und Leben ihrer Kirchkinder blicken läßt – teils
20 durch die engere Verbindung, worin sie als würkliche Seelsorger und geistliche Väter mit ihnen zu stehen pflegen. Daher denn auch die katholischen Christen es schon mehr gewohnt sind von ihren Seelen=Hirten unter Aufsicht gehalten, nachgefragt, gewarnt und ge-
25 strafft zu werden – was unsern protestantischen Gemeinsgliedern je länger je befremdender wird, indem sie in ihren Geistlichen nur noch Religionslehrer, aber keine Seelsorger mehr sehen wollen.

Hartog war gewiß einer von denen, die durch den Pri-
30 vat=Umgang am meisten Gutes gestiftet haben. Es waren nicht bloß seine eingepfarrten, sondern auch viele Fremde, die ihn aufsuchten, und als bewährten Arzt für ihre Seelen=Gebrechen zu Rathe zogen, und er gab sich ihnen willig hin, so sauer es ihm auch oft werden

---

232 *die Vorwürfe ... Hesekiel Cap. 34:* Ezechiel 34,2–10.

mochte. Denn da solche Personen gemeiniglich nach dem öffentlichen Gottesdienste zu ihm ins Haus kamen, so fanden sie ihn mehrenteils so erschöpft und ermattet, daß er nur mit der größten Anstrengung sich mit ihnen beschäftigen konnte; aber er vertraute dem, dessen Kraft in den Schwachen mächtig ist[233], und wollte sich lieber selbst aufopfern, als irgendeiner Pflicht seines Amtes entziehen; und in der Freude der Unterhaltung mit frommen und heilsbegierigen Seelen, so wie in dem Danke derer, denen er nützte, fand er einen süßen Lohn für seine redlichen Bemühungen.

– Man wird wohl ohne mein Erinnern erwarten, daß ein solcher Mann sich auch der Kranken in seiner Gemeine mit besonderem Fleiß angenommen habe. Seine Kenntniß des menschlichen Herzens, seine Prüfungs= Gabe, seine Erfahrung und seine Menschenfreundlichkeit, die ihm leicht das Zutrauen des Kranken gewann, machte ihn besonders zu diesem Geschäft tüchtig; und er hat die vielfältigsten Erfahrungen gehabt, daß er auch darin nicht vergeblich arbeitete[234]. Es ist vielleicht in unseren Tagen mehr als je aus der Mode gekommen, daß die Prediger Kranke besuchen, wenn man sie nicht allenfals verlangt, um den Kranken das heilige Abendmahl zu reichen. Ehemals pflegte es doch noch in der Vokation den Predigern zur Pflicht gemacht zu werden, daß sie die Kranken fleißig besuchen sollen: aber ich habe mit Befremden schon vor mehreren Jahren in einem theologischen Journal eine Abhandlung von J. S.[235] gelesen, worin der Kranken=Besuch des Predigers als unnütz und unstatthaft vorgestellt wurde. Daß er eine der schwersten Amtspflichten des Predigers sey, gebe ich gern zu, und jeder erfahrne Prediger wird es bestät-

---

233 *Kraft in den Schwachen mächtig ist:* 2 Kor 12,9.
234 *nicht vergeblich arbeitete:* Phil 2,16.
235 *vor mehreren Jahren in einem theologischen Journal eine Abhandlung von J. S:* bisher nicht gefunden.

tigen. Es ist auch sehr begreiflich, daß die Prediger, so
wie die meisten sind, wenig Neigung dazu haben, und
sich demselben unter allerley Vorwande gern entziehen
– daß sie sich lieber im Kreise frölicher Gesellschaften
als am Krankenbette aufhalten – ja, daß viele sich in der
größten Verlegenheit befinden, was sie den Kranken sagen sollen, den sie entweder nicht nach seinem morali-
schen Zustande kennen, und diesen auszuforschen
nicht verstehen – oder dem sie nicht gern etwas unan-
genehmes sagen wollen, und ihn doch grade zu trösten
Bedenken tragen müssen – oder wo ihnen durch die Angehörigen ein Zwang aufgelegt wird, daß sie alles vermeiden sollen, was den Kranken beunruhigen und an
den Tod erinnern möchte – oder wo ihnen der Mund
durch das drückende Selbstgefühl verschlossen wird,
daß ihr eigener Wandel ihnen die Achtung und das Vertrauen des Kranken geraubt, und sie untüchtig gemacht hat ein ernsthaftes Gespräch mit ihn einzuleiten
– oder daß sie überhaupt mit sich selbst nicht einig sind,
nach was für Grundsätzen sie den Kranken behandeln
sollen, weil sie sich mit der speciellen Seelsorge nie be-
faßt, auch keine Anweisung dazu erhalten, und die
Hülfsmittel, die ihnen hierin nützlich werden konnten,
verschmäht haben – und dem Arzte gleichen, der die
Krankheiten nur aus Büchern kennt, aber noch keine
Kranke zu behandeln gehabt hat, und über die
Kur=Methode noch nicht auf's Reine gekommen ist.
Ich habe einen gelehrten und von Karakter unbeschol-
tenen Landprediger gekannt, der bei einer langjährig
leidenden frommen Frau, wenn er sie Amtshalber besuchen mußte, durchaus nicht zu sprechen wußte, so
gern auch diese sehr bescheidene anspruchlose Kranke
etwas zur Belehrung oder zum Troste aus seinem
Munde gehört hätte. Er fühlte, daß er ihr nichts geben
konnte. Ich habe auch aus den gebildeten Ständen Lei-
dende gesehen, die zwar von ihren Predigern besucht

wurden, aber ohne irgendeine religiöse Unterhaltung, und die sich sehr nach dem Besuch eines Mannes, wie *Hartog*, sehnten, der eben sowohl innern Drang, als die Gabe hatte, auf eine passende Art zu dem Kranken zu reden, oder auch mit ihm zu bäten. Mag es doch unter den Vornehmern viele geben, die jedes religiöse Gespräch selbst in der Nähe des Todes scheuen, und sich fürchten aus ihrer Selbsttäuschung gerissen zu werden: man findet gleichwol unter diesen noch einige, die gern über die wichtigste Angelegenheit des Menschen mit einem frommen Seelsorger sprechen mögen, und ihm willig entgegen kommen, wenn er nur den Muth hat ein solches Gespräch anzuknüpfen. So besuchte *Hartog* einst eine der vornehmern Kranken seiner Gemeine, und redete sie mit den Worten an: „Der Herr ist nahe allen, die ihn anruffen – allen, die ihn mit Ernst anruffen"[236] – und er bemerkte zu seiner Freude, welch einen guten Eindruck diese Anrede auf die Kranke machte, und wie sich ihr Herz seinen Gesprächen dabey öffnete. Der Landprediger ist hier noch am glücklichsten, und wie schwer es ihn auch werden mag sich selbst in der Behandlung der Kranken um Genüge zu thun: wenn er nur mit dem Eifer daran geht alles mögliche zum Heil der ihm anvertrauten Seelen anzuwenden, so wird es ihm oft über Erwarten gelingen, bald auf den Kranken, bald auf seine Umgebungen gute Eindrücke zu machen, und er wird alle die Früchte einerndten, die ich vorhin bey der speciellen Seelsorge aufzählte.

Es ist nichts neues und ungewöhnliches, daß man fromme Prediger für beschränkte Menschen und für Schwachköpfe erklärt, und ihnen Schuld giebt, daß sie entweder überhaupt nicht viel gelernt haben, oder die Gelehrsamkeit verachten, und alles weitere fortstudi-

---

236 *Der Herr ist nahe allen … mit Ernst anruffen:* Ps 145,18.

ren für überflüssig, wo nicht gar für Seelengefährlich halten. Das ließe sich nun freilich wol mit vielen Exempeln widerlegen; Mauritii und Wesselmann, beide in Minden,[237] waren gewiss zu ihrer Zeit als gelehrte Männer und scharfe Denker allgemein anerkannt und geachtet. Der Mangel des Fortschreitens in theologischen Kenntnissen, möchte vielleicht mit noch größerem Rechte denen vorzuwerffen seyn, die nicht im Geruch des Pietismus sind. Von Hartog konnte man wol sagen, daß sein Körper schwach sey – aber sein Kopf war sehr gesund, sein Verstand hell, seine Beurtheilungskraft vortrefflich, und er hat gewiß nicht unterlassen in seinen Kenntnissen mit dem Zeitalter fortzuschreiten. Auf seinem Tisch habe ich immer viele der neuern Schriften gefunden, und sein kurz vor ihm verstorbener Halbbruder, der sehr gelehrte, als Arzt und als Mensch gleich achtungswürdige *Doctor Hartog*[238], der eine große Büchersammlung hatte, und einer Lesebibliothek vorstand, konnte ihn mit vielen Büchern versorgen. Auch kam ihn hierbey der Umgang mit einem seiner Amtsgenossen in Herford, dem rühmlich bekannten Senior Rudolphi[239], der sich viel mit der neuern theologischen Litteratur beschäftigte, und mit welchem er bis an dessen Tod ununterbrochen in der freundschaftlichsten Verbindung stand, sehr zu statten. Er durchlebte die ganze Zeitperiode, in welcher die Theologen so viele Veränderungen, und das biblische so wie das kirchliche

---

237 *Mauritii und Wesselmann, beide in Minden:* siehe Anm. 201 und Anm. 210.

238 *Doctor Hartog:* Johann Friderich Christian Hartog (1750–1815), stammte als 12. Kind des Pfarrers Gottreich Ehrenhold Hartog [sen.] in Lahde (1693–1754) aus dessen 3. Ehe mit Clara Sophia Reichmann (1715–1758), studierte in Göttingen und Halle Medizin, war seit 1777 praktischer Arzt in Herford und seit 1795 „Stadtphysicus" [vom Stadtrat bestellter für das Gesundheitswesen einer Stadt zuständiger Arzt], vgl. Hans Hartog, Stammtafel, 8.

239 *Senior Rudolphi:* Ernst Heinrich Rudolph, gestorben 1807, siehe Anm. 204.

System so viele Anfechtungen erfahren hat: aber sein Glaube der sich nicht auf menschliche Meinung, sondern auf göttliche Auctorität gründete, stand zu vest, als daß er durch diejenigen hätte erschüttert werden können, die der Schrift Meister seyn wollen[240], und wissen nicht, was sie sagen oder was sie setzen. Und so wie der Zeit=Geist durchaus auf ihn würkte, so bequemte er sich auch auf keine Weise in seiner Amtsführung nach den Zeit=Begriffen, oder nach dem verwöhnten Geschmack der Weltleute. Er hat es doch noch erlebt, daß bey vielen Lehrern der Protestantischen Kirche sich ein besserer Geist regte, der dem willkürlichen Annehmen und Verwerfen der biblischen Lehren entgegenstrebte. Übrigens habe ich nie eine besondere Neigung an ihm bemerkt, sich mit der neueren Philosophie[241] zu befassen, von welcher er für sein theologisches Studium wenig Heil erwartete. Er studierte lieber seine Bibel, und wandte sein Forschen und Nachdenken auf das Praktische, was seinem Herzen wohl that, seinen Geist und Glauben nährte und stärkte, und ihn in seinem Amte brauchbarer machen konnte.

Mit Liebe und großer Verehrung erinnere ich mich hierbey, eines ihm in so mancher Absicht vorzüglich ähnlichen Freundes, des seel.‹igen› Pastors *Scherr* in Bielefeld[242], dessen Andenken dort noch lange im Segen bleiben wird. Dieser war gewiß als einer unserer frömmsten Kirchenlehrer anerkannt, und wenn man will: einer der vornehmsten unter den Pietisten, der sich ganz nach *Weihe* gebildet[243] hatte. Aber wer ihn gekannt hat

---

240 *der Schrift Meister seyn wollen:* 1 Tim 1,7.
241 *der neueren Philosophie:* Gemeint ist wahrscheinlich die romantische Philosophie des Johann Gottlieb Fichte (1762–1814) und Friedrich Wilhelm Joseph Schelling (1775–1854), vielleicht auch Friedrich Daniel Ernst Schleiermacher (1768–1834).
242 *Pastor Scherr in Bielefeld:* Johann Christoph Scherr, s. o. Anm. 205.
243 *ganz nach Weihe gebildet:* Friedrich August Weihe, s. o. Anm. 179; vgl. Peters, Vorgeschichte 76. 87.

wird wissen, daß er ein heller Kopf war, dem nicht leicht
etwas in der neuern theologischen Litteratur fremd
blieb, und der gewiß nicht aus Vorurteil, sondern nach
der strengsten Prüfung, gleichwol dem Lehrsystem der
5 Bibel und der Kirche treu anhing, und es in seiner Amtsführung und Erfahrung bewährt fand. –

Zwar ist es nicht immer eine sichere Folge von den
treuen Bemühungen des Predigers, daß er vielen sicht-
baren Nutzen stifte, oder wie man zu sagen pflegt: sich
10 eines großen Amtssegens erfreue. Schien es doch fast als
ob der weiseste und größte unter allen Lehrern der
Menschheit, die je gelebt haben, an den meisten seiner
Zuhörer vergeblich gearbeitet habe; und es ist eine ge-
wöhnliche Klage aus ältern und neuern Zeiten, daß auch
15 die frömmsten Prediger nicht immer so viel ausrichten
als sie wünschen. In diese Klage müßte auch *Hartog* wol
einstimmen: indessen kann man von ihn rühmen, daß er
vor vielen andern seiner Mitarbeiter hierin große Vor-
züge hatte. Dies erhellet zum Teil schon aus dem, was
20 ich vorhin von dem Beifall sagen konnte, den seine Predigten fanden, und von dem Zuströmen des Volks in
seine Kirche. Dieses war wenigstens schon ein sicherer
Beweis, daß der auch in unserer Gegend so sehr erlo-
schene religiöse Sinn, durch ihn noch in einem weiten
25 Kreise unterhalten und belebt wurde; und wer wollte
dieses nicht für einen grossen Gewinn achten? Aber er
hatte auch die Freude in seiner langen Amtsführung bey
vielen Personen, in und außerhalb seiner Gemeine,
ächte christliche Gesinnung durch seinen Dienst beför-
30 dert und erhalten zu sehen, die sich in guten Früchten
eines frommen Wandels offenbarte. Wie viele sahe er auf
diesem guten Wege schon vor ihm das Ziel ihrer schönen
Laufbahn erreichen! Wie viele segnen noch jetzt sein
Andenken, und folgen seinem Glauben nach[244]!

---

244 *und folgen seinem Glauben nach:* vgl. Hebr 13,7.

Ausser den Talenten, die ihn zu einem brauchbaren Prediger vor andern geschickt machten, wirkte denn besonders hiebey auch sein eigenes musterhaftes Exempel, sein eigener christlich=frommer Sinn und Wandel. Es kann wol nicht oft genug erinnert werden, wie vielen Einfluß dieses auf die Nutzbarkeit[245] des Predigers hat, wie vielen Muth und Zuversicht es ihm bey seiner Arbeit giebt, und wie sehr der gute Eindruck aller seiner Lehren von der öffentlichen Meinung abhängt, die über sein eigenes gutes oder tadelnswerthes Betragen entscheidet. Wer je in dem Fall war sich selbst über Flecken in seinem Leben Vorwürfe machen zu müssen, wodurch er auch andern anstößig wurde, der wird wissen wie niederschlagend, wie schmerzlich und lähmend oft das Bewußtsein davon noch lange hernach fortwirkt – wie schwer es dann wird Achtung für sich selbst und den nöthigen Muth wieder zu gewinnen – wie viele Anstrengungen es kostete sich auch in der öffentlichen Meinung wieder gehörig zu heben – und wie glücklich derjenige ist, der seinen Ruf immer unbescholten bewahrt hatte. Ich habe wenige Prediger gekannt, die in dieser Absicht so tadelfrey gewesen wären als *Hartog*; er war was jeder Prediger seyn sollte: ein Salz der Erde, ein Licht der Welt[246]. Seine Frömmigkeit hatte nichts steifes oder gezwungenes – kündigte sich nicht durch etwas auffallendes und scheinheiliges, ungewöhnliches und unnatürliches an – hatte auch keine finstere, abschreckende Aussenseite; vielmehr mußte sie ihn allen, die sich ihm näherten, in gleichem Grade Achtungs= Liebens=und Zutrauenswürdig machen. Er hatte keine scharfe Ecken, die unangenehme Berührungen und Reibungen veranlaßten – keine Leidenschaften, die man zu

5

10

15

20

25

30

---

245 *Nutzbarkeit:* Nützlichkeit, Brauchbarkeit, Tauglichkeit, Glück; DWb 13, 1021 verweist u. a. auf „utilitas".
246 *ein Salz der Erde, ein Licht der Welt:* Mt 5,13 und 14.

85

erregen sich hätte hüten müssen, oder deren Ausbrüche seine schwache Seite verrathen hätten – kein Interesse, das er gegen andere hätte durchsetzen wollen. Seine Gottesfurcht war ungeheuchelt – war tief im innersten seiner Seele gegründet, und sprach sich in seinem ganzen Leben und Wirken unverkennbar aus. Bey ihm hieß es: „ich behalte dein Wort in meinem Herzen, daß ich nicht wider dich sündige"[247] „dein Wort ist meines Fußes Leuchte und ein Licht auf meinem Wege."[248] Von einem Manne dessen Jugendleben so fleckenlos war, der frühzeitig auch andern mit einem guten Exempel vorleuchtete, und auf seine akademischen Freunde so nützlich wirkte, ließ sich schon erwarten, daß er auch als Prediger in dieser schönen Laufbahn fortschreiten würde. So wie er an der Heiligung seines Geistes, an der Veredlung seines inneren Menschen unaufhörlich arbeitete, so bewachte er auch sein Äußeres mit großer Sorgfalt, um nie, indem er anderen predigte, selbst verwerflich zu werden[249], und dadurch den Segen seines Amts zu hindern. Man kann von ihm sagen, daß sein christlicher Karakter nichts zerstückeltes und mangelhaftes, sondern etwas in sich vollendetes, durchaus mit sich selbst übereinstimmendes darstellte, und ich habe immer mit Verehrung bey der Betrachtung seines Bildes verweilt, von welchen ich gern wenigstens einige Züge entwerfen möchte, in welchen seine Freunde ihn mit Vergnügen wieder zu erkennen vermöchten.

Von dem, was man Egoismus oder Selbstsucht nennt – von dieser so allgemein herrschenden Seuche unseres Zeitalters, die so leicht auch die bessern Menschen ergreift, war er gewiß vor vielen andern frey zu sprechen.

---

247   *„ich behalte dein Wort ... wider dich sündige":* Ps 119,11.
248   *„dein Wort ist ... Licht auf meinem Wege.":* Ps 119,105.
249   *um nie, indem er anderen predigte, selbst verwerflich zu werden:* vgl. 1 Kor 9,27.

Seine Demuth war nicht von der kriechenden, sich selbst scheinbar wegwerfenden Art, unter welcher sich dem Menschenkenner oft ein übel verschleierter Stolz deutlich genug verräth, der keinen Tadel verträgt, und gegen jede eingebildete Zurücksetzung oder Vernachlä- 5 ßigung äußerst empfindlich ist. Er war wie Christus von Herzen demüthig[250]. Freilich mußte ein Mann, wie Er war, eben so gut wie Paulus sagen können: Von Gottes Gnaden bin ich was ich bin, und seine Gnade an mir ist nicht vergeblich gewesen[251] – er konnte und mußte sich 10 dessen bewußt seyn, was Gott ihm gegeben hatte und durch ihn wirkte; dieß nicht erkennen wollen wäre Heucheley gewesen: aber bescheidener konnte niemand über sich selbst urtheilen als er, der von allem Selbstruhm, Selbstzufriedenheit und Selbstgefälligkeit so 15 weit entfernt blieb. „Nicht, dass ichs schon ergriffen habe, oder schon vollkommen sey – ich jage ihm aber nach, ob ich's auch ergreiffen möchte"[252] – dies drückt seinen Sinn, sein Urteil über sich selbst, und sein Streben nach stetem Wachsthum am besten aus. Er konnte 20 gegen das, was dem Christen und besonders dem Prediger wahre Ehre giebt nicht gleichgültig seyn, – er konnte und wollte sich auch nicht über die Urteile der Menschen hinwegsetzen – er mußte sich beeifern die Achtung und gute Meinung aller zu gewinnen, auf die 25 er wirken sollte: aber Ehrenwerth zu seyn galt ihm mehr, als Ehre zu genießen und Lob oder Ehrenbezeugung einzuerndten. Alles, was Prätension[253] heißen kann, blieb ihm fremd, und eine anspruchlose Bescheidenheit gab allen seinen Tugenden einen höhern Werth. 30

---

250 *von Herzen demüthig:* Mt 11,29.
251 *Von Gottes Gnaden ... nicht vergeblich gewesen:* 1 Kor 15,10.
252 *„Nicht, dass ich's schon ergriffen ... auch ergreiffen möchte":* Phil 3,12.
253 *Prätension:* Forderung, Anspruch – der Gegensatz zu Hartogs beschriebenem Charakter.

Selbst da, wo er mehr äußere Ehre oder Ansehen hätte
haben können, trat er lieber zurück, und begnügte sich
mit der Ehre, die ein gutes Gewissen und ein unbe-
scholtener Ruf ihm gewährte, so wie mit der Behaup-
5   tung seiner Amts= Würde, die nie durch ihn verletzt
wurde; wobey er denn doch sehr bereit war, das was
man die Schmach Christi[254] nennt, oder die Gering-
schätzung und Verunglimpfung derer zu tragen, die seinen religiösen Sinn und seine fromme Wirksamkeit zu
10 bespötteln sich erlaubten. Er war kein Mann nach der
Welt, und bekümmerte sich wenig um Welt=Geist,
Welt=Ton und Welt=Sitte: aber er wusste sehr wohl
was der Anstand fordert, und niemand hat ihm den
Mangel an feiner Sitte und guter Lebensart vorwerffen
15 können. Er konnte mit Leuten aus allerley Ständen um-
gehen ohne sich verlegen zu fühlen, oder die Gesetze
des Wohlstandes[255] außer acht zu lassen. Auch an der
nöthigen Welt=Klugheit gebrach es ihm gar nicht, und
wo er derselben in seinem Amte, oder in Privat=Ver-
20 hältnissen und Geschäften bedurfte, wußte er sie auf
eine für ihn ehrenvolle Art zu brauchen.

Hartog war äußerst mäßig in allen seinen Genüssen.
Wie schwach auch seine Gesundheit war, und wie viele
Aufmerksamkeit er auch auf die Erhaltung derselben
25 wenden, und sich daher gegen den Einfluß der Witte-
rung in Absicht auf Erhitzung oder Erkältung verwah-
ren mußte: so war er doch in Ansehung der Diät glücklicher, brauchte in der Wahl der Speisen nicht ängstlich
zu seyn, aß bis an sein Ende mit gutem Appetit, und ver-
30 trug so ziemlich alles, was ein gesunder Magen verdaut,
und was in einer frugalen[256] bürgerlichen Haushaltung
nach Landes=Gebrauch auf den Tisch kommt; aber er

---

254 *die Schmach Christi:* Hebr 11,26.
255 *Wohlstandes:* Anstandes, – „was wohl ansteht, der sitte entspricht, syn-
     onym mit anstand", DWb 30,1182.
256 *frugalen:* mäßigen, genügsamen.

aß und trank sehr mäßig, und beobachtete eine vernünftige Lebensordnung, ohne welche er bey seiner
krankhaften Constitution ein hohes Lebens=Alter
nicht hätte erreichen können. Eben so mäßig war er
auch in seinen Wünschen, und bestättigte an sich selbst
das Wort: Es ist ein großer Gewinn, wer gottselig ist und
lässet ihm genügen[257]. In Löhne hatte er eine gar ge-
ringe Einnahme, denn es ist eine der kleinsten und
schlechtesten Pfarrstellen im Lande, wo daher die Prediger nur einige Jahre zu bleiben pflegen, und dann auf
weitere Beförderung Ansprüche machen können. *Hartog* lebte dort sehr zufrieden, und beschränkte sich mit
seinen Ausgaben auf den Maaßstab, den ihm seine Ein-
künfte gaben. Der Ackerbau, den er dort treiben mußte,
wenn er leben wollte, war zwar nicht groß, aber beschwerlich, und der Acker selbst nicht ergiebig. Er verstand nichts davon, und bewies eine große Klugheit, indem er einen der verständigsten Landleute seiner Gemeine, der das Terrain kannte, zu Rathe zog, und den
Rath dieses Mannes unbedingt befolgte. Hiebey stand
er sich nach seiner eigenen Erzählung gut, seine Ernd-
ten waren ergiebig genug für seine Bedürfnisse, und er
versicherte, daß er in Löhne nicht nur sein Auskommen
gehabt, sondern noch etwas erübriget habe. Er war zufrieden mit dem, was ihm die Landwirthschaft zum Genuß darbot, und versagte sich gern das Beßere, was für
Geld gekauft werden muß. Als er nach Herford berufen
wurde, waren es keine irdischen Vorteile, die ihm diesen
Ruf annehmlich machen konnten, und er wußte wohl,
daß ein Prediger in der Stadt auch bey der größten Ein-
schränkung doch in der Regel mehr Ausgaben hat als
der Landprediger, und nicht so, wie dieser, die Vorteile
der Landwirthschaft benutzen kann. Blieb er in Löhne,
so konnte er in Kurzem durch Versetzung auf eine ein-

---

257 *Es ist ein großer Gewinn ... ihm genügen:* 1 Tim 6,6.

träglichere Stelle sich zu verbessern hoffen, wozu er in
Herford keine Aussicht hatte. Gleichwol nahm er den
Ruf an, und bekümmerte sich wenig um zeitliche Vorteile. Sein Glaube an die Vorsehung und sein genügsa-
mes Herz waren sein Reichthum, und er ist dabey nicht
zu Schanden geworden. Nie habe ich auch in schlechten
Zeiten aus seinem Munde Klagen gehört: er ließ sich genügen an dem, das da war, und traute dem, der gesagt
hat: ich will dich nicht verlassen noch versäumen[258].
Wie gering auch seine Einnahme seyn mochte; er brach
doch gern dem Hungrigen sein Brod[259], und seine Hand
war immer dem Dürftigen[260] offen[261]. Die Armen hatten
an ihm einen wahren Vater. Zwar ging auch der Bettler
nicht unbegabt[262] von seiner Thür; aber vorzüglich waren es die Hausarmen[263] seiner Gemeine, denen er seine
liebreiche Sorgfalt widmete, und was er selbst nicht aus
eignen Mitteln bestreiten konnte, suchte er durch seine
Fürsprache bey anderen Wohlhabenden zu erhalten,

---

258 *genügen an dem, das da … ich will dich nicht verlassen noch versäumen:*
     Hebr 13,5.
259 *er brach doch gern dem Hungrigen sein Brod:* vgl. Jes 58,7.
260 *dem Dürftigen:* dem Bedürftigen.
261 *seine Hand war immer dem Dürftigen offen:* vgl. Ps 41,2; Spr 31,20; Sir 4,3;
     Eph 4,28.
262 *unbegabt:* ohne Gabe.
263 *die Hausarmen:* Arme, die in bestimmten Häusern des Ortes Unterstüt-
     zung empfangen, vgl. DWb 10. 652. Vgl. Walter Wendland, Der pietistische
     Landgeistliche in Brandenburg um 1700, in: JBBKG 39, 1934, 76–102, der
     auf ein brandenburgisches Edikt vom 18. März 1701 verweist, dem zufolge
     „sollten die Hausarmen in jeder Gemeine genau festgestellt werden, und
     die Besitzer von je fünf Hufen hatten einen Armen zu ernähren." Das wa-
     ren die in einem Dorf oder einer Stadt ansässigen Armen, die einem
     „Haus", bzw. größeren Hof zu ihrer Versorgung zugeordnet waren. Aus-
     wärtige Arme sollten aus einer Kasse mit einer Wegzehrung versorgt wer-
     den. Vgl. hierzu den bewegenden Bericht bei Christoph Matthäus Seidel,
     Pietistischer Gemeindeaufbau in Schönberg/Altmark 1700–1708. Hg. v.
     Peter Schicketanz, Leipzig 2005 (KTP 10),60. – Ein schönes Beispiel für
     die Hausarmen findet sich bei Thomas Mann, Die Buddenbrooks. Verfall
     einer Familie. Ges. Werke in 13 Bänden, Bd. I, Frankfurt a. M. 1990 (Fi-
     scher Tb. Verlag), S. 530: Bei der familiären Weihnachtsfeier der Budden-
     brooks waren auch Hausarme zugegen, – auf dem „Korridor, wo scheu und
     verlegen einige fremde alte Leutchen umherstanden, Hausarme, die eben-
     falls an der Bescherung teilnehmen sollten".

und sorgte mit weiser Einteilung für die Bedürfnisse mancher armen Familie, selbst außerhalb seiner Gemeine, wenn er besondere Aufforderung fand, sich derselben anzunehmen. Alles dieses geschahe in der Stille ohne Geräusch, recht nach der Vorschrift des Erlösers: Laß deine linke Hand nicht wissen, was die rechte thut[264]. –

Ein Mann von so gefühlvollem Herzen war, wie leicht zu erachten ist, auch sehr für Freundschaft gestimmt. Wer ihn noch nicht kannte, und den Mann zum erstenmal sahe, dessen schwächliches krankhaftes Äußere mehr auf Trübsinn als auf Heiterkeit schließen ließ, und der oft von Arbeit ermüdet wie erschlafft und in sich selbst versunken schien – der hätte ihn wol für freundschaftlichen Umgang wenig aufgelegt gehalten. Aber wer näher mit ihm in Berührung kam, fand ihn liebevoll, teilnehmend und sich gern mitteilend. Der Trieb der Geselligkeit führte ihn freilich nie in Klubbs und ähnliche öffentliche oder weltliche Gesellschaften, in welchen weder sein Geist noch sein Herz Nahrung fand; sein christlicher Sinn mußte seine Wahl auf christliche, ihm gleich gesinnte Freunde beschränken. Seine Körper=Schwäche erlaubte ihm zwar nicht die entferntern viel zu besuchen, wiewohl er doch, so oft es ihm möglich war, gern nach Bielefeld[265], oder Bünde, oder Löhne ging, wo eine zeitlang eine seiner Töchter wohnte. Am liebsten sahe er seine auswärtigen Freunde bey sich im Hause, und nahm sie mit herzlicher Gastfreundschaft auf, gab willig, was die Küche vermochte, und man fühlte nicht, daß man ihn lästig wurde. Wer

---

264 *Laß deine linke ... die rechte thut:* Mt 6,3.
265 *Bielefeld:* Möglicherweise wollte Hartog hier Pfr. Scherr besuchen, vgl. Anm. 205. Bielefeld war seit Beginn des 17. Jh.s eine evangelisch geprägte Leineweber- und Kaufmannsstadt und hatte Ende 1798 etwa 5600 Einwohner; vgl. Reinhard Vogelsang, Geschichte der Stadt Bielefeld., Bd. I: Von den Anfängen bis zur Mitte des 19. Jahrhunderts, Bielefeld (1980) ²1989, 110–116.202.

sein Herz einmal kennen gelernt hatte, konnte ihm
nicht mißtrauen, mußte ihn immer mehr hochschätzen
und fand in seinem Umgange beides, Vergnügen und
Nutzen, fühlte sich auch auf keine Weise durch ihn ein-
5 geengt, gedrückt oder beherrscht, durfte nicht fürchten
von ihm mißverstanden oder hart beurtheilt zu werden.
Er war der argloseste, schonendste, nachsichtige, ge-
duldigste Freund, der sich lieber nach den Launen anderer bequemte, als daß er andern durch seine Launen
10 weh getan hätte. Selbst seine Krankheits=Gefühle
suchte er seinen Freunden lieber zu verbergen, als ihnen dadurch den heitern Genuß seines Umgangs zu
schmälern. Er war in seinen bessern Jahren ein ange-
nehmer Gesellschafter, der zwar wegen seiner schwa-
15 chen Brust nicht viel und nicht anhaltend sprach, außer
wenn er etwas zu erzählen hatte, der aber durch eine
ihm ganz eigene Gabe witziger und passender Bemerkungen und Ausdrücke der Unterhaltung mit ihm
einen besondern Reitz gab, daß man ihn gern sprechen
20 hörte, und seine Rede war allezeit lieblich und mit Salz
gewürzt[266]. Sein Witz war nicht nur nie muthwillig und
leichtsinnig, sondern auch nie im geringsten stechend
oder beissend, sondern man fühlte sich nur dadurch angenehm überrascht oder angeregt, und man freute sich
25 seiner heitern Laune, die ihn auch bey schmerzhaften
Empfindungen nicht verließ, so wie man sich durch
seine immer treffenden gehaltvollen Bemerkungen belehrt, oder in irrigen Ansichten und Urteilen berichtiget
fand. Wie sehr er sich als Freund in andere zu schicken
30 wußte, bewies sein langjähriges freundschaftliches Verhältnis mit dem seel.‹igen› Senior Rudolphi[267]. Das war
ein talentvoller, mit seinen Kanzelgaben viele überstra-
lender Mann, der durch Haltung, Gang, Gebehrden und

---

266 *seine Rede war allezeit lieblich und mit Salz gewürzt:* vgl. Kol 4,6.
267 *Senior Rudolphi:* siehe oben Anm. 204.

Sprache so imponirte, daß man ihm leicht hätte für stolz und alles neben sich verachtend halten können, aber *Hartog* kannte ihn von bessern Seiten, und zwischen beiden bestand eine Freundschaft, die vielleicht für beide in gleichem Maaß nützlich wurde. Rudolphi studirte fleißig die neue theologische Litteratur, und konnte von dem, was er daraus Gutes schöpfte, seinem Freunde manches mitteilen, dessen Wahrheits=Sinn und lauteres Auge wol jenem wieder zu statten kam, so wie ihr gegenseitiger Ideen=Wechsel beide bereicherte und erheiterte. Der schwächliche *Hartog* scheute doch nicht die Beschwerde gar manchen Abend nach Tisch zu seinem Freunde hin zu gehen, und beiden verstrichen die Stunden der Unterhaltung so angenehm, daß sie sich oft erst spät in der Nacht trennten.

Hartog war ein weiser und erfahrner Freund, bey dem man guten Rath fand; aber auch ein dienstfertiger Freund, der selbst mit seinen schwachen Kräften doch immer bereit war Amtsbrüder zu unterstutzen, oder wo er konnte zu helfen und nützlich zu werden. In seinen häuslichen Verhältnissen lebte er sehr glücklich. In seiner Gattin *Sophie Rudolphine Caroline Quaden*[268], einzige Tochter des Predigers *Quade* zu Edinghausen[269], hatte er eine Lebens=Gefährtin gefunden, die er sich nicht besser wünschen konnte, und mußte noch lange hernach die Vorsehung preisen, die ihm eine für ihn in jeder Absicht passende Gehülfin zugeführt hatte. Sie war ein Kind der Natur, auf dem Lande aufgewachsen – nicht durch städtische und modische Erziehung verbildet – aber ausgestattet mit den schönsten Gaben des

---

268 *Sophie Rudolphine Caroline Quaden:* Sophie Rudolphine Caroline Quade, 1740–1810; die Heirat war in Löhne am 30. 11. 1763; – vgl. Bauks, 184, Nr. 2331.

269 *Predigers Quade zu Edinghausen:* Friedrich Wilhelm Quade, ca. 1700–1762, seit 1726 Pfarrer in Eidinghausen, heute Ortsteil von Bad Oeynhausen; – vgl. Bauks, 394, Nr. 4885; Schlichthaber, Mindische Kirchengeschichte, Bd. 1,3. Teil, 114 f.

Geistes und Herzens, die im Umgange mit einem so trefflichen Manne, den sie eben so sehr hochschätzte, als sie ihm mit innigster Liebe anhing, aufs herrlichste ausgebildet und veredelt wurden. Sie war eben so an-
5 spruchslos, bescheiden und genügsam als ihr Gatte – eine verständige Hauswirthin, die sich in Löhne so wie in Herford in ihre beschränkte Lage zu schicken, alle die kleinen Vorteile, die dieselbe ihr darbot zu benut-zen, und Hindernisse zu besiegen wußte – eine Haus-
10 frau, die keine Arbeit, keine eigene Anstrengung ihrer Kräfte scheute, die nur für ihren Beruf und Bestim-mung lebte, und indem sie sich der Pflege ihres Gatten, der Erziehung ihrer Kinder, und der Besorgung ihres Hauswesens widmete, jedem Vergnügen des geselligen
15 Umgangs außer Hause gern entsagte, dem in unsern Tagen so viele Frauen zum großen Schaden ihrer häus-lichen Verhältnisse nur allzusehr nachhängen. Nie hat sie durch Eitelkeit, Putzliebe, Modesucht, und Welt-gleichstellung die Predigten ihres Mannes gegen den
20 herrschenden Weltgeist widerlegt oder unwirksam ge-macht. Man sahe an ihr das schöne Bild einer christli-chen Prediger=Frau im Leben dargestellt, die nach der Ermahnung Petri an statt durch Kleiderpracht die Au-gen der Welt auf den äußerlichen Menschen zu ziehen,
25 lieber den innerlichen Menschen durch sanften und stillen Geist zu schmücken suchte[270]. Sie blieb bey dem Wechsel der Zeiten und Moden sich immer gleich – ein-fach in Sitten und Anzug – höflich, zuvorkommend, herzlich im Umgange – Menschenfreundlichkeit mehr
30 in der That, als in leeren Worten beweisend – gesprä-chig, ohne schwazhaft zu werden – die Freunde ihres Mannes ehrend, und sie liebreich zu bewirthen bereit – den Mann zärtlich pflegend, ohne ihn jedoch in seiner Wirksamkeit beschränken, und diejenigen von ihm ab-

---

270 *Ermahnung Petri ... stillen Geist zu schmücken suchte:* vgl. 1 Petr 3,3–4.

halten zu wollen, die den oft erschöpften noch zu sprechen begehrten. Ihr Mobiliar blieb das Alte, – aber im
Hause herrschte Reinlichkeit und Anstand: Der Vor-
nehmere wurde darin eben so wenig durch Unordnung
und Schmutz, als der Geringere durch Eleganz abge-
schreckt. Das letztere zu bemerken scheint mir darum
wichtig genug, weil die besondere Seelsorge des Predigers, und der freie Zutritt seiner Gemeinsglieder von
der geringern Klasse in der Stadt oder auf dem Lande
leicht dadurch gehindert werden kann, wenn das Haus
und die Lebensweise des Predigers gar zu elegant ist,
und diejenigen in Verlegenheit setzt, die sich ihm nähern wollen. Christus predigte den Armen das Evangelium – ihnen gab er sich hin – unter ihnen sammelte er
seine ersten Reichsgenossen, in einem Zeitalter, wo, wie
in unsern Tagen, die Großen und Reichen das Reich
Gottes und die Einladung zu demselben verachteten.

Der gute Ruf des *Hartogschen* Hauses machte, daß
manche Eltern ihre Kinder gern in dieses Haus in Kost
und Aufsicht gaben, und so sind nach und nach mehrere
Kostgänger darin aufgenommen gewesen, unter denen
manche Zeitlebens die dadurch genossenen Vorteile
dankbar erkannt haben. Einst wurden vier früh verwaisete Töchter aus einer der angesehensten Familien
der Stadt durch ihre Vormünder in dieses Haus gebracht, um darin erzogen zu werden, und diese Schwe-
stern haben nebst andern Frauen, denen gleiches Glück
zu Teil wurde, der in diesem Hause empfangenen Erziehung Ehre gemacht, und das Ehepaar gesegnet, welches ihnen mit der weisesten und zärtlichsten Sorgfalt
die Stelle der Eltern ersetzte. Auch erinnere ich mich,
daß *Hartog* und seine Gattin schon in den ersten Jahren in Herford die verwaisete Tochter eines in dürftigen[271] Umständen verstorbenen Arztes unentgeldlich

---

271 *dürftigen:* ärmlichen.

aufnahmen, und diesem Kinde, das bey ihnen erkrankte, und nach langwierigen Leiden starb, eine so zärtliche und unverdrossene Pflege gaben, als ob es ihr eigenes Kind gewesen wäre. Der fromme *Hartog* ließ es sich angelegen seyn auf die sittliche Bildung seiner männlichen oder weiblichen Kostgänger oder Zöglinge mögligst zu wirken, und hat davon mit wenigen Ausnahmen manche schöne Früchte gesehen, wodurch er sich mehr belohnt fand, als durch die empfangene baare Vergütung; obgleich die letztere auch von ihm nicht verachtet, sondern als ein Mittel angesehen wurde, welches die Vorsehung gebrauchte, um durch das in seine Kasse fließende baare Geld ihn bey seinen geringen Pfarr= Einkünften in Stand zu setzen, daß er das nothdürftige an seine eigenen Kinder wenden konnte, wenn er diese außer Hause unterhalten musste.

Der Mann, der an fremden Kindern solchen Eifer und Treue bewies, konnte dabei seine eigenen nicht aus der Acht lassen, und seine nicht harte und unzeitigen Zwang anlegende, sondern liberale, aber doch strenge und väterlich weise Erziehung wurde mit dem besten Erfolge gekrönt, und gewährte ihm viele süße Vaterfreuden.

Wie gern dieser Mann seine Talente, Kenntnisse, Zeit und Kräfte nützlich anzuwenden suchte, erhellet auch daraus, daß er die ihm von seinen Amtsgeschäften übrig bleibenden Stunden dem Privat=Unterricht bald männlicher, bald weiblicher Jugend widmete, weil sich immer Eltern fanden, die ihm ihre Kinder so gern zuschickten, indem sie wußten, daß diese, außer dem Zuwachs an Kenntnissen bey ihm auch immer einen Gewinn für ihr Herz zu hoffen hatten. In einer solchen Thätigkeit blieb der fromme Greis noch bis in sein höheres Alter, wie sehr auch die Abnahme der Kräfte ihm hätte zur Entschuldigung dienen können, wenn er sich früher zur Ruhe begeben hätte. Ich habe mehrmals er innert, daß er während seiner ganzen Amtsführung mit Schwächlichkeit zu kämpfen hatte, und daß seine Freunde und Bekannte, so gern sie ihm das längste Leben gönnten, doch immer für die Abkürzung desselben besorgt waren. Aber Gott erhielt und stärkte ihn sichtbar, und man dürfte seinen Namen unter das Verzeichniß solcher Diener Gottes bringen, von denen ein Apostel schreibt: „als die Sterbenden, und siehe wir leben – als die Gezüchtigten, und doch nicht ertödtet – als die Traurigen, aber allezeit frölich – als die Armen, die aber viele reich machen – als die nichts inne haben und doch alles haben."[272] Wer die Hinfälligkeit seines Körpers betrachtete, wer die Anstrengung sahe, womit er öffentlich oder im Hause redete, und die Ermattung, die auf seine Arbeiten folgte, der konnte wol nie den frommen Wunsch unterdrücken, daß doch ein für alles Gute so thätiger Mann sich einer bessern Gesundheit erfreuen, und daß die Kraft seines Geistes von körperlicher Kraft unterstützt sein möchte. Wenn man aber Geschichte und Erfahrung über Menschenleben zu Rathe zieht, so findet man selten, daß durch die starken kraftvollen, mit glänzenden Talenten und blühender Gesundheit ausgerüsteten Lehrer das Meiste für das moralische Reich Gottes ausgerichtet wird – vielmehr scheinen hier oft die Schwächern die brauchbarsten und am glücklichsten wirkenden zu seyn, in der Voraussetzung, daß Geist und Herz bey ihnen die rechte Beschaffenheit hat. Vielleicht wird eben ihre Schwachheit für sie ein stärkerer Antrieb die geringern Kräfte desto mehr anzustrengen – vielleicht macht das Gefühl der eigenen Ohnmacht sie abhängiger von einem höhern Beistande, den sie Glaubenvoll erbitten, und dessen sie sich hernach dankbar erfreun – vielleicht bewahrt eben dieses sie vor manchen Versuchungen, denen die Stärkern un-

---

272 *„als die Sterbenden ... und doch alles haben.":* 2 Kor 6,9–10.

terliegen – vielleicht muß das Bewußtsein ihrer Abhängigkeit dem zu großen Selbstvertrauen und der Selbsterhebung kräftig wehren, und sie jenem Apostel ähnlich machen, dem gegen ein drückendes Leidensgefühl, das
5 seine Wirksamkeit zu lähmen drohte, der Trost gegeben wurde: „Laß dir an meiner Gnade genügen! denn meine Kraft ist in den Schwachen mächtig."[273] – Der sich daher am liebsten seiner Schwäche rühmen wollte, damit die Kraft Christi in ihm wohne, und der dann am stärk-
10 sten war, wenn er sich am schwächsten fühlte[274].

Wer könnte es bezweifeln, daß solche Menschen wie *Hartog* in der Schule der Leiden veredelt und bewähret werden[275], und daß ihr unermüdetes Wirken für das Reich Gottes einen desto größern Werth bekommt, je
15 mühsamer ihre Anstrengungen sind, und je mehr Hindernisse sie dabei zu überwinden haben. Nur unter ähnlichen eigenen Erfahrungen oder Beobachtungen lernt man die Apostel in solchen Äußerungen verstehen, wie wir 2. Corinth. 4,7 etc.[276] lesen, und lernt es be-
20 greifen, wie Paulus, Petrus und Jakobus so oft und mit solcher Wärme über den Nutzen der Trübsale schreiben konnten[277].

Das höhere Alter musste natürlich *Hartogs* Beschwerden vermehren, und die Kräfte immer mehr läh-
25 men, mit welchen er sonst so gern gearbeitet hatte. Gleichwol hatte der würdige Greis noch eine Prüfung zu erfahren, die ihm große körperliche Schmerzen verursachte. Eines Abends als er von einem freundschaftli-

---

273 *„Laß dir an meiner Gnade ... Schwachen mächtig.":* 2 Kor 12,9a.
274 *daher am liebsten ... am schwächsten fühlte:* 2 Kor 12,9b.
275 *in der Schule der Leiden ... bewähret werden:* vgl. Dan 12,10; Jdt 8,18–19; Tob 12,13; Sir 2,5; Weish 3,5–6; 2 Kor 8,2; 1 Petr 1,6–7.
276 *2. Corinth. 4,7 etc.:* Der ganze Abschnitt 2 Kor 4,7–18 befasst sich mit diesem hier angesprochenen Thema.
277 *wie Paulus, Petrus und Jakobus ... über den Nutzen der Trübsale schreiben konnten:* Als Beispiele seien außer den in den vorhergehenden Anm. 272–276 noch folgende Belegstellen genannt: vgl. Röm 8,35; 12,12; 2 Kor 1,3–11; 1 Thess 3,1–8; 1 Petr 1,6–7; Jak 1,2–4.12.27.

chen Besuch zurück nach Hause ging, fiel er über einen
Stein, und eins seiner Beine wurde dabei so verletzt, und
der Schaden so schlimm, daß er sich einer langwierigen
Kur unterwerfen mußte. Auch die verständigste und
sorgfältigste Behandlung seiner Ärzte konnten es nicht   5
verhindern, daß ihn heftigste Schmerzen folterten, und
ihm elender Nächte viele wurden. Endlich fand er sich
doch wieder hergestellt, und konnte noch wieder seine
Amts=Verrichtungen fortsetzen. So wie er in bessern
Jahren ganz für seinen Beruf lebte, und darin selbst auf   10
Kosten seiner Gesundheit und Bequemlichkeit lieber zu
viel als zu wenig that: so wollte er auch bei zunehmen-
der Alter=Schwäche doch immer noch lieber selbst arbeiten, als fremde Hülfe suchen und gebrauchen.

Im Jahr 1810 traf ihn noch ein härterer Schlag durch   15
den Tod seiner treuen Gehülfin und liebevollen Le-
bensgefährtin, nachdem dieselbe schon einige Jahre
eine Abnahme der sonst genossenen guten Gesundheit
gespürt hatte. Jedermann glaubte und hoffte, es würde
dem frommen Greise eine ihm so unentbehrlich schei-   20
nende weise und sorgsame Pflegerin nicht entrissen
werden; allein Gott hatte ihm auch diese Prüfung des
Glaubens und der Geduld noch bereitet, und er faßte
sich männlich bei diesem großen Verluste, wie tief und
wie schmerzlich er auch denselben empfand. Er sahe es   25
als eine weise Fügung Gottes an; und da er das zärtliche Herz seiner Gattin kannte, so glaubte er, sie würde
sich in seinen Tod nicht so gut zu schicken gewusst haben, als Er bey geübterer Geistes=Kraft den ihrigen er-
trug. Auch führte ihm die Vorsorge Gottes in seiner   30
Schwester Tochter für das, was ihm entzogen war, einen
Ersatz zu, der ihm wenig zu wünschen übrig ließ. Diese
edel denkende und fein fühlende Seele, die dem hülfs-
bedürftigen Greise mit inniger Verehrung und Liebe er-
geben war, widmete sich ganz seiner Verpflegung, mit   35
einem Eifer und einer Selbsverläugnung, die ihr Ehre

99

machte, und von *Hartog* mit Rührung und Dankbarkeit erkannt wurde. Sie hat bei vieler eigener Kränklichkeit bis zu seinem Tode bey ihm ausgehalten, und sich Verdienste um ihn erworben, die nur in dem süßen Bewußtseyn ihrer treuen und willigen Pflicht=Erfüllung ihre Belohnung finden können.

Hartog hatte nie daran gedacht Predigten in Druck zu geben. Erst in seinen letzten Jahren fand er sich veranlaßt einige Predigten über besondere Materien, nach dem Wunsche derer, die sie mit vieler Erbauung gehört hatten, durch den Druck gemeinnütziger[278] zu machen.

Diese wurden von dem Publikum, welches aus *Hartogs* Vorträgen so manchen Segen geschöpft hatte, nicht nur mit vieler Begierde aufgenommen, sondern es wurde dadurch auch das Verlangen rege gemacht, immer mehr von seinen Predigten in die Hände zu bekommen, um sich auch dann noch daran erinnern zu können, wenn man seine Stimme nicht mehr hörte. Dies war Aufmunterung genug für ihn, um nach und nach einige größere Predigt=Sammlungen herauszugeben; und es wurde ihm eine eben so angenehme als nützliche Beschäftigung in seinen letzten Jahren, die für das größere Publikum bestimmten Predigten auszuwählen, und zum Druck zu befördern. Der erste Band erschien unter dem Titel von Christenpredigten[279], weil darin nach Anleitung der Evangelien der zweiten Jahres=Hälfte der Christ in allerley Lagen und Verhältnissen betrachtet und geschildert wurde. Hernach kam eine zweite Sammlung hinzu, über die evangelischen Texte der ersten Jahres=Hälfte, um einen vollständi-

---

278 *gemeinnütziger:* der Allgemeinheit nützlicher; vgl. DWb, 5, 3261. Zu den Drucklegungen der Predigten vgl. Peters, Zur Vorgeschichte Volkenings, 77 f.

279 *Christenpredigten:* Der Christ in dreyßig Predigten nach allen seinen Lagen u. Christen-Tugenden aus d. Sonntags-Evangelien […] geschildert; […] von G[ottreich] E[hrenhold] Hartog. Bielefeld 1810.

gen Jahrgang zu liefern[280]. Zuletzt erschien auch noch eine Sammlung von Passionspredigten[281]. In allen diesen kleinern und größern Sammlungen wird man das bestättigt finden, was ich oben von seiner zweckmäßigen und erbaulichen Art zu predigen gesagt und gerühmt habe.

Im Jahre 1813, am Sontage nach Pfingsten, wurde er krank von der Kanzel nach Hause gebracht, und hat sie seitdem nicht wieder betreten. Zwar hoffte er von Zeit zu Zeit noch wieder so weit zu kommen, daß er noch einmal zu seiner Gemeine reden könnte: allein dieser Wunsch wurde ihm nicht gewährt. Dagegen mußte es ihm sehr erfreulich seyn, daß seine Herren Amtsbrüder in Herford sich freiwillig und brüderlich in seine Amtsgeschäffte teilten, welches er mit vieler Dankbarkeit erkannte.

Es war dieses das fünfzigste Jahr seiner Amtsführung; und ob er gleich der mit einer Amts=Jubelfeier gewöhnlich verbundenen oft lästigen Feierlichkeit gern überhoben gewesen wäre, und daher den eigentlichen Tag seiner ersten Einführung ins Predigtamt lange ver-

---

280 *zweite Sammlung ... vollständigen Jahrgang zu liefern:* postum gibt es eine zweite Auflage aus verschiedenen Predigten von 1806–1815 zusammengestellt: Predigten über die Fest- u. Sonntags-Evangelien des ganzen Jahres ein sonntägliches Erbauungs-Hausbuch von G[ottreich] E[hrenhold] Hartog. 2. Aufl. Paderborn 1836. Vgl. ebd. die „Vorrede der Verleger", III. In der „Vorrede des Verfassers" (vermutlich einem früheren Sammelband von Predigten über das ganze Jahr entnommen !) verweist dieser auf einen „ersten Theil(e)" von „44 Predigten über die Sonn= und Festtags=Evangelien, vom ersten Advent bis zum vierten Trinitatis", der schon damals erst als Einzelband und dann in hoher Auflage zusammen mit dem zweiten Teil (siehe Anm. 279) als „Hausbuch" gedruckt worden war; ebd. V.

281 *Sammlung von Passionspredigten:* Sechs und zwanzig Paßions-Predigten über die gesammte Leidens-Geschichte unseres Herrn Jesu Christi./Geh. von G. E. Hartog. Das schöne Bild des Schönsten unter den Menschenkindern, – erster Teil: zwölf Predigten über zwölf nachahmungswürdige Leidens=Tugenden aus der Leidens=Geschichte Jesu, unseres Heilandes, diesseits Golgatha, — zweiter Teil: vierzehn Predigten der sieben Worte Jesu am Kreuz aus der Leidensgeschichte auf Golgatha. Bielefeld 1813.

schwieg: so drangen doch alle seiner Verehrer und Freunde zu sehr auf die Feier dieses Tages, als daß er nicht endlich ihren Wünschen hätte nachgeben müssen. Und so wurde denn dieses Jubelfest mit vieler eh-
5 renden Auszeichnung von Seiten des Wohllöbl.‹ichen› Magistrats, des Stadtministerii und der Gemeine, so wie mit der wärmsten Teilnahme vieler auswärtigen Amts= und Herzens=Freunde und Bekannten began-gen, und von dem Jubelgreise als Beweis der Achtung,
10 Liebe und Anhänglichekeit seiner Zeitgenossen mit rührender Bescheidenheit angenommen. Die Feier sollte schon am 23sten Octbr.[282] gehalten werden: sie wurde aber auf den 2ten December, als den Kirchen= Jahrstag seiner Kirche[283] gesetzt, wo denn der Jubel-
15 greis noch einmal in der Kirche erschien, und da es ihm seine Schwachheit nicht erlaubte einen öffentlichen Vortrag zu halten, wenigstens doch noch den Segen sprach, und mit diesem von seiner Gemeine Abschied nahm. Diese seine Gemeine und seine Wirksamkeit in
20 derselben war ihm so lieb geworden, daß er noch eine Zeitlang den Wunsch und die Hoffnung nährte, seine durch Alter und angestrengte Thätigkeit erschöpften Kräfte könnten noch einmal in etwas gestärkt werden; um auch den letzten schwachen Rest derselben nützlich
25 zu gebrauchen: aber endlich mußte er sich doch über-zeugen, daß dieses nicht der Wille Gottes sey; und so übergab er denn im September 1814 sein mit seltener Treue verwaltetes Amt in die Hände des verehrten

---

282 *Octbr.:* Octobris, d. h. am 23. (Tage) des Oktober.
283 *Kirchen=Jahrstag seiner Kirche:* Seit 1590 waren auf Anordnung der Äb-tissin des Reichsstifts Herford Magdalena I., Gräfin zur Lippe (1586–1604), die Gottesdienste in St. Jakobi am Sonntag und am Donnerstag zu feiern. Sie fanden nach sechzigjähriger Pause zur erneuten Indienst-nahme der Kirche am Donnerstag nach dem 1. Advent (dieser fiel auf den 2. 12. 1590) zum ersten Mal wieder statt. Der 2. Dezember 1813 war ein Donnerstag, an dem üblicherweise noch immer Gottesdienst gefeiert wurde. S. o. Anm. 189. Vgl. Henche, Kirchenchronik, 11–12.

Magistrats, von welchen er es empfangen hatte. Es blieb ihn nun nur noch der Wunsch übrig, sich durch einen Mann ersetzt zu sehen, der fähig und geneigt wäre dieses wichtige Amt in eben dem Geiste fortzuführen, wie er es getan hatte, und auf dem Grunde fortzubauen, den er als ein weiser Baumeister gelegt hatte[284]; und ihm war noch die Freude vorbehalten seine Hoffnung erfüllt zu sehen, indem die Wahl der Gemeine ganz seinem Wunsche gemäß auf den Herrn Prediger *Brinckdöpke*[285] fiel, der schon 16 Jahre im Bergischen das Predigt=Amt rühmlich geführt hatte[286], und nun seinem Vaterlande wiedergegeben wurde[287], Es erheiterte den Abend seines Lebens, dass er noch Zeuge von der Zufriedenheit seiner lieben Gemeine mit der getroffenen Wahl seyn – noch seinem werthgeschätzten Nachfolger durch Mittheilung seiner Amts=Erfahrungen nützen konnte. Er selbst entschloß sich darauf zu seinem ältesten Sohne, dem Herrn Prediger *Hartog* in Bielefeld[288] zu ziehen, der nebst seiner trefflichen Gattin[289] sich beeifferte einem so würdigen Vater, den der König noch

284 *auf dem Grunde ... gelegt hatte:* 1 Kor 3,10.

285 *Prediger Brinckdöpke:* Johann Christoph Wilhelm Brindöpke, 1768–1837, war in der Nachfolge Hartogs seit dem 16. April 1815 Pfarrer an der Jakobikirche in Herford. Bauks, 59, Nr. 765. Vgl. auch Henche, Kirchenchronik, 44–50. „In Brindöpke hat die Radewig nach dem Pietisten Hartog einen ausgemachten Rationalisten zum Prediger gehabt." Ebd. 50.

286 *16 Jahre ... geführt hatte:* Brindöpke war von 1799–1815 Pfarrer in Rüggeberg (seit 1949 Stadtteil von Ennepetal).

287 *und nun seinem Vaterlande wiedergegeben wurde:* nämlich der Grafschaft Ravensberg; denn Brindöpke stammte aus Bielefeld.

288 *Prediger Hartog in Bielefeld:* Friedrich Christian Rudolph Hartog, 1766–1850, seit 1802 Pfarrer an der Altstädter Nikolaikirche in Bielefeld; vgl. Bauks, 184, Nr. 2333. Ein kurzer Lebensbericht findet sich in: Hartog, Stammtafel, 10, mit Hinweisen (ebd.) auf weitere Berichte in: „Öffentliche Anzeigen der Grafschaft Ravensberg", Nr. 36, Sept. 1843, und in: XXXII. Jahresbericht des historischen Vereins Bielefeld 1918, 26 ff.

289 *Gattin:* Ernestine Friederike Hoffbauer, 1780–1856, heiratete am 16. September 1800 den Pfarrer Friedrich Christian Rudolph Hartog. Sie war die Tochter des Caspar Johann Florenz Hoffbauer, 1734–1800, seit 1772 Pfarrer an der Altstädter Nikolaikirche in Bielefeld und seit 1773 zugleich Superintendent der Grafschaft Ravensberg.

durch eine angemessene Pension[290] geehrt hatte, in den letzten Lebenstagen eine Pflege zu verschaffen, die ihm nichts zu wünschen übrig ließ, und ihm die Schwachheiten des höhern Alters möglichst erleichterte.

Der fromme Greis fühlte sich mit dankbaren Herzen glücklich im Kreise geliebter Kinder und Enkel – sahe sich noch von manchen seiner alten Freunde aufgesucht – nahm noch Teil an ihrem Wohlergehen, und an jeder guten Nachricht aus dem Reiche Gottes – bestellte sein Haus[291] und harrte seiner endlichen Erlösung mit stiller Ergebung und freudiger Hoffnung; und so schlummerte er endlich völlig entkräftet am 2ten Januar 1816 Nachmittags sanft hinüber, ohne die Bitterkeit des Todes zu schmecken.

Seine Gebeine wurden seinen Wünschen gemäß nach Herford gebracht, um daselbst neben der geliebten Gattin und dem ihm kurz vorangegangenen theuren Bruder ihre Ruhestätte zu finden. Gerührt sammelte sich seine Gemeine noch einmal um den Entschlafenen, als ihm vor der Beerdigung sein wackerer Nachfolger im Amte parentirte[292], so wie ihm einer seiner ältesten Freunde und Verehrer aus der Nachbarschaft an einem der folgenden Sontage über 1 Corinth. 15, 10. die Gedächtnißpredigt gehalten hat[293].

---

290 *der König noch durch eine angemessene Pension:* „Damals gab es noch keinen Ruhestand mit entsprechenden Pensionsbezügen. In Hartogs Fall hat der König von Preußen [Friedrich Wilhelm III.] ab 1. Januar1815 eine Pension von Jährlich 200 Talern bewilligt. Außerdem musste der Nachfolger [Brindöpke, s. o. Anm. 285] ihm 50 Taler jährlich von den Pfarreinkünften abgeben." Henche, Kirchenchronik, 43.

291 *bestellte sein Haus:* vgl. Jes 38,1.

292 *parentirte:* von parenti(e)ren (aus dem Lateinischen parentare – ein Totenopfer darbingen): die Leichenrede halten.

293 *einer seiner ältesten Freunde ... Gedächtnißpredigt gehalten hat:* Es handelt sich um Karl Weihe, der die Gedächtnispredigt der Lebensbeschreibung auf Bitten aus der Gemeinde als Beilage beifügte. Text in der Bibliothek der Franckeschen Stiftungen, Signatur Thol XIII 242, 16 Seiten.

Hartog ist Vater von 6 Kindern gewesen:

1) *Charlotte Sophie,* die in zartem Alter gestorben[294].

2) *Friedrich Christian Rudolph,* – Prediger in Bielefeld[295].

3) *Sophie Henriette Louise,* verheirathet gewesen an 5
Herrn Pastor *Linkmeier* zu Valldorff[296], und dem Vater
bald im Tode gefolgt, ohne Familie zu hinterlassen.

4) *Dorothe Auguste,* verheirathet gewesen an Herrn
Heinrich van der Smissen[297] in Altona, gestorben im
Jahr 1800 mit Hinterlassung von 4 Kindern. 10

5) *Christian Wilh. Ernst Gottreich,* Gouvernements=
Arzt auf Jamaica in Westindien[298].

6) Henriette Dorothee Wilhelmine, verehelicht mit
Pastor *Stohlmann* in Rödinghausen[299].

Der Segen eines so frommen, so nützlich wirksam ge- 15
wesenen Vaters wird auf seinen Kindern und Nachkommen ruhen, und sein Gedächtniß wird in Ehren
bleiben.

---

294 *Charlotte ... gestorben:* Charlotte Sophia Hartog, 1764–1766; vgl. Hartog 105Stammtafel, 9.

295 *Friedrich Christian Rudolph, Prediger in Bielefeld:* Friedrich Christian Rudolph Hartog, siehe Anm. 288. Bauks 184, Nr. 2333.

296 *Sophie... Linkmeier zu Valldorf:* Sophie Henriette Louise Hartog, 1768–1818, heiratete 1792 Samuel Friedrich Linck(e)meyer, 1762–1839, der von 1801–1838 Pfarrer in Valdorf war (heute Ortsteil von Vlotho); vgl. Bauks, 299, Nr. 3757, und Hartog, Stammtafel, 9.

297 *Dorothe ... van der Smissen:* Dorothea Augusta, 1771–1801, Heirat 1795 mit Hinrich van der Smissen, d. J., Reeder in Hamburg; vgl. Hartog, Stammtafel, 9.

298 *Christian Wilh. ... Westindien:* Christian Wilhelm Ernst Gottreich Hartog, geb. 1776, unverheiratet, „wanderte nach Batavia (Java) aus und stand dort in holländischen Diensten. Später war er Plantagenbesitzer auf Jamaica, wo er ermordet wurde." Eine andere Chronik berichtet, er sei „Gouvernementsarzt auf Jamaica gewesen und auf der Rückreise von dort mit seinem Vermögen in die Hände der Seeräuber gefallen". Hartog, Stammtafel, 9; Todesjahr unbekannt.

299 *Henriette ... Rödinghausen:* Henriette Dorothee Wilhelmine Hartog, 1782–1854, heiratete 1801 Franz Friedrich Stohlmann, 1770–1834; von 1800 bis 1834 Pfarrer in Rödinghausen, vgl. Bauks, 496, Nr. 6155.

Gottreich Ehrenhold Hartog – vielleicht als Konfirmand.

Auf den Konfirmanden könnten die feierliche Kleidung, die Perücke und das Buch (Bibel, Gesangbuch?) hinweisen. Das Foto des Gemäldes aus Hartogs Familienarchiv wurde freundlicherweise überlassen von Frau Birgitta Hartog, Bad Oeynhausen. Der Maler ist unbekannt, die Datierung schwierig. Die Bildunterschriften lauten unten links: GOTTREICH EHRENHOLD HARTOG. Unten rechts: natus die 8. A[prilis] 1738 depictus die 8. Oct (?) [geboren am 8. Tage des April 1738 abgebildet am 8. Okt. (?)]

Nachwort

Gottreich Ehrenhold Hartog (1738–1816) – Ein pietistisches Pfarrerleben in der Wende zum 19. Jahrhundert

1. Präludium auf einen hochgelobten Prediger

Im Jahre 1806 erschien in Bielefeld ein schmales Predigtbändchen unter dem Titel „Drey Predigten von dem dreyfachen Stuffen=Alter im Christenthume." Im folgenden Jahr 1807 konnte man in der „Quartalsschrift für Religionslehrer" dazu eine Rezension lesen, die folgendermaßen begann[1]:

„Der Verfasser dieser Predigten, ein schon ziemlich bejahrter Mann, hat, soviel Recensent weiß, sonst noch nichts drucken lassen, hat aber durch den Abdruck dieser drey Predigten manchem wahre Erbauung suchenden Leser ein willkommenes Geschenk gemacht. Auch Recensent hat sie mit Vergnügen und Erbauung gelesen, ungeachtet er mit dem Verf.[asser] in manchen dogmatischen Ansichten und Vorstellungen nicht übereinstimmt, indem der Verf.[asser] dem System der älteren Theologen treu bleibt und sich zur pietistischen Schule hält. Man findet hier aber keineswegs, wie bey so manchen pietistischen und dem älteren Systeme anhangenden Predigern, ein beständiges Eifern für gewisse, als vorzüglich wichtig angesehene Lehren und Vorstellungen, sondern im Ganzen genommen, das was uns nütze zur Besserung, und wie es holdselig ist zu hören; man findet in diesen Predigten eine Sprache, die

---

[1] Drey Predigten von dem dreyfachen Stuffen=Alter im Christenthume. Gehalten und auf dringendes Verlangen einiger Freunde als Andenken zum Druck befördert, von G. E. Hartog, Prediger in Herford. Bielefeld bey Küster 1806. 78 Seiten in 8. Der Titel ist entnommen aus der Rezension von „lm", in: Quartalsschrift für Religionslehrer 4, 2/1807, 143–152, das folgende Zitat ebd. 143 f.

von Herzen kommt und zu Herzen geht, einen schlich-
ten, ungeschmückten, aber reinen und edeln Vortrag,
eine ruhige Auseinandersetzung der Wahrheit, eine
größtentheils zweckmäßige, eindringende und mitun-
5 ter interessante Abhandlung und Auseinandersetzung
des gewählten Gegenstandes mit vieler Kenntnis des
menschlichen Herzens und mit zweckmäßiger Benut-
zung der biblischen Aussprüche und der biblischen Geschichte."

10 Der Prediger und Verfasser der so hoch gelobten Predigten war Gottreich Ehrenhold Hartog (1738–1816),
zu der Zeit Pfarrer in Herford (1769–1814)[2]. 43 Jahre
Pfarramt lagen insgesamt hinter dem 68jährigen, als
diese erste Veröffentlichung seiner Predigten erschien.
15 Bald sollten noch weitere ansehnliche Predigtbände folgen, die bis weit in das 19. Jahrhundert hinein wirkten.
Dieser erste, schmale Band war weniger aus eigenem
Antrieb zum Druck gegeben worden, wie es der zurück-
haltend bescheidenen Natur Hartogs entsprach, son-
20 dern „auf dringendes Verlangen einiger Freunde als Andenken zum Druck befördert", wie es im Untertitel
heißt.

Der uns unbekannte Rezensent hat nicht nur für die
rezensierten Predigten Hartogs so zutreffende Beobach-
25 tungen gemacht, er beschreibt vielmehr einige Grund-
qualitäten des Predigers und seiner Predigt: Da ist der
Hinweis auf das Alter des Predigers und damit auf seine
Weisheit – zugleich auch Hinweis auf seine Erfahrung,
sein theologisches Wissen, seine Menschenkenntnis.
30 Man lese die Predigten mit Vergnügen und Erbauung,
was zur Besserung diene. Obwohl konservativer Theologie und pietistischer Schule verpflichtet, seien keine
schrillen Töne des sonst üblichen pastoralen Eiferns
ähnlich situierter Prediger zu hören; auch rhetorisches

---

2   Vgl. Bauks, 184, Nr. 2331.

Beiwerk fehle zugunsten interessanter und ruhiger und doch zu Herzen gehender, biblisch orientierter Sprache und eine „ruhige Auseinandersetzung der Wahrheit", womit wohl die Darstellung der christlichen Lehre in ihrer orthodoxen lutherischen Gestalt gemeint sein dürfte. Besonders schätzt der Rezensent an Hartog, „dass er nicht durch leeres Spiel mit frommen und frömmelnden Empfindungen zu erbauen sucht, sondern im rechten Sinn zu erbauen, auf Besserung und Fortschritte im Guten hinzuwirken weiß", womit deutlich der ethische und lebenspraktische Aspekt der Predigten hervorgehoben wird. Das ist es, was ihn „vor anderen ältern und pietistischen Predigern auszeichnet"; und worin er Pietisten und Nicht-Pietisten als Vorbild und „Muster" vorgestellt zu werden verdiene.[3]

So also wird der gereifte alte Pastor Hartog als Prediger aus der Perspektive eines offensichtlich sachkundigen Rezensenten gesehen und in seiner Bedeutung beurteilt und seine Predigt hoch eingestuft als Vorbild und Muster einer theologisch konservativ und pietistisch geprägten Predigt und Lehre. – Christian Peters stellte dazu jüngst fest (2004): „Hartogs Medium war die Predigt."[4] Doch dies – vor allem in seiner literarischen Gestalt – zu entdecken und zu entwickeln, bedeutete für Hartog, einen langen Weg zurückzulegen.

2. Hartogs Biograph Karl Justus Friedrich Weihe

Diesen Weg stellt Karl Weihe (1752–1829)[5] in seiner „Lebensbeschreibung und Karakter=Schilderung" Hartogs dar. Sie erschien schon vier Jahre nach dessen Tode 1820

---

3 Quartalsschrift (s. Anm.1), 149.
4 Christian Peters, Vorgeschichte, 77.
5 Vgl. Bauks, 542, Nr. 6736 a.

in Herford unter dem Titel: „Gottreich Ehrenhold Hartog, der als wohlverdienter Prediger auf der Radewig in
Herford, nach funfzigjähriger Amtsführung im 78sten
Lebensjahre den 2ten Januar 1816 gestorben, in seinem
5   Leben und Wirken geschildert: nebst Beantwortung
einiger Fragen über Pietismus von Karl Weihe, Prediger zu Mennighüffen im Fürstenthum Minden."[6] Der
ausführliche Titel zeigt, dass Karl Weihe zugleich mit
der Lebensbeschreibung ein ihm wichtiges anderes
10   Thema mit zu behandeln beabsichtigt, was ihm „längst
auf dem Herzen lag"[7], die „Beantwortung einiger Fragen über Pietismus".

Karl Justus Friedrich Weihe war der Sohn des pietistischen Gohfelder Pfarrers und bedeutenden Erwe-
15   ckungspredigers im 18. Jahrhundert Friedrich August
Weihe und auch dessen Biograph.[8] Er war von 1774 bis
1829 Pfarrer in Mennighüffen, heute ein Ortsteil von
Löhne in Westfalen. Er gehörte zu den hoch gebildeten
und sehr geschätzten, durchaus frommen Landpfarrern
20   jener Zeit und Prägung. In einer 2007 wiedergefundenen
„Chronik von Mennighüffen 1818–1886" liest man über
ihn: „Sein reicher und gebildeter Geist, seine tiefe, umfassende Kenntniß der heiligen Schrift, seine ächt christlichen, practischen und gemeinverständlichen Vorträge

---

6   Gedruckt bei Joh. Heinr. Wenderoth, Herford 1820.– Literatur zur Biogra-
    phie im 20. Jhdt. vgl. [Johann Friedrich] Niemann, Pastor Gottreich Ehren-
    hold Hartog, Pfarrer der Jakobigemeinde=Herford 1769–1814, ein Zeuge
    des Evangeliums in dürrer Zeit. Herford 1914; – 400 Jahre Radewiger Kirch-
    weihfest. Hg. i. A. der ev.-luth. Jakobi-Kirchengemeinde Herford von Jan. J.
    Ochalski mit der Kirchenchronik der Radewig von Heinz Henche (Herforder
    Forschungen 5), Herford 1990, 38–43. vgl. zu G. E. Hartog auch Brecht,
    Weihe, 189–192; – Peters, Vorgeschichte, 72. 76–79.
7   So im Vorwort; s. oben 11 im Neudruck der Hartog-Biographie.
8   Diese Biographie, die man auch eher „Lebensbeschreibung und Charak-
    terschilderung" nennen möchte, erschien anonym: Leben und Charakter
    Friedrich August Weihes, Prediger zu Gohfeld im Fürstenthume Minden.
    Ein Beytrag zu den Nachrichten von dem Charakter und der Amtsführung
    rechtschaffener Prediger und Seelsorger, Minden 1780; vgl. Brecht, Weihe,
    131, und die Bibliographie zu F. A. Weihe bei Peters, Vorgeschichte, 64,
    Anm. 5. – Zu Weihes Pietismus vgl. auch Bremme, Broyer, 211–214.

[Predigten, Ch. W.], seine fleißigen Krankenbesuche, seine väterliche Fürsorge für die Armen, seine Bereitwilligkeit, auch dem Geringsten mit Rath und That zu dienen und zu helfen, sein frommer Sinn, seine Rechtschaffenheit, sein eines geistlichen Religionslehrers würdiger 5 Wandel, seine treue, gewissenhafte Amtsführung, sein belehrender und unterhaltender Umgang, erwarben ihm [...] im hohen Grade die Liebe seiner Gemeine". Außerdem habe er einen großen Kreis von Freunden „selbst aus höheren Ständen" gepflegt.[9] Man kann also von Karl 10 Weihe durchaus Vernünftiges und Angemessenes hinsichtlich der Lebensbeschreibung und Charakter-Schilderung Gottreich Ehrenhold Hartogs erwarten.

Karl Weihe kannte Pastor Hartog, der 1763 nach Löhne kam, seit seiner Knabenzeit.[10] Hartog trat bald 15 mit Friedrich August Weihe (1721–1771), Karl Weihes Vater, in Kontakt, der im Nachbardorf Gohfeld Pfarrer war (1751–1771). Hartog fand hier – wie viele junge Pfarramtskandidaten, die durch die „Weiheschule"[11]gegangen waren, – geistliche und theologische Beglei- 20 tung.[12] Als Karl Weihe später Pfarrer in Mennighüffen war, ging der Kontakt mit Hartog im benachbarten Herford (seit 1769) nicht verloren; er schreibt über Hartog aus solider persönlicher Kenntnis.

---

9   Chronik von Mennighüffen, 36.
10 „Während seiner kurzen Amtsführung in Löhne habe ich selbst ihn noch nicht beobachten können, jedoch glaubhafte Berichte von Zeitgenossen haben mir das ergänzt, was ich nicht selbst in der Nähe sahe." Karl Weihe, Hartog, s. oben 58; hier und im Folgenden ist der Neudruck zitiert.
11 Peters, Vorgeschichte, 67–73. 87–90; ähnlich schon August Rische; der Hartog zu den „alten Zeugen aus F. A. Weihes Schule" zählte, in: Rische, Volkening, 27, vgl. ebd, 35–40.
12 Zu F. A. Weihe: Gerhard Rösche, Friedrich August Weihe (1721–1771). In: 950 Jahre Kirche in Gohfeld. Hg. v. der Evang. Kirchengemeinde Gohfeld. Bad Oeynhausen 1985, 55–65; Ulrich Rottschäfer, Die Erweckungsbewegungen des 18. und 19. Jahrhunderts. Ihre Impulse auf und aus Gemeinden des Kirchenkreises Vlotho, in: Kirche an Weser und Werre. 150 Jahre Kirchenkreis Vlotho, hg. v. Kirchenkreis Vlotho, Bad Oeynhausen o. J. (1991) 23–40; Martin Brecht, Friedrich August Weihe (1721–1771). Pietistischer Pfarrer, Liederdichter und Vorläufer der Minden–Ravensberger

Karl Weihe sieht in Hartogs eher zurückhaltendem Charakter und Leben ein „Muster für die Nachwelt" und ein „Exempel"; sein Vorbild wirke „stärker und glücklicher auf uns, als die trefflichsten Lebensregeln",
5 ja, er gehörte zu den Lichtern der Welt, die man „hervorziehen" muss, „damit ihr Licht sich weiter verbreite, und nach ihrem Tode noch leuchte." Er war so hoch „geachtet", das sein „Andenken noch lange im Segen bleiben wird."[13] So bekommt diese Lebensbeschreibung ge-
10 radezu etwas Hagiographisches und im gewissen Sinne den „volksmissionarischen Auftrag", ihren Lesern die Wahrheit und Lebenspraxis des christlichen Glaubens näher zu bringen und sie davon zu überzeugen.

Dass Hartog „wol oft als Pietist bezeichnet worden"
15 sei, hatte Weihe veranlasst, sich genauer mit der Frage nach dem rechten Verständnis des Pietismus zu beschäftigen.[14] Wer kann „Pietist" genannt werden und wer nicht? Und hat diese Art pietistischer „Verwirklichung des Christentums"[15] nicht ihr eigenes Gewicht
20 und Recht? – Weihe verschweigt seine Herkunft aus diesem Milieu nicht. Er hatte sich auf Reisen und durch Lektüre mit verschiedenen Erscheinungsweisen des Pietismus auseinandergesetzt. Unschwer ist seine Sympathie für diese lebenspraktische Frömmigkeit zu er-
25 kennen, die er wahrscheinlich auch bei seinem Vater

Erweckungsbewegung. In: Christian Peters (Hg.), Zwischen Spener und Volkening. Pietismus in Minden Ravensberg im 18. und frühen 19. Jahrhundert (BWFKG 23) Bielefeld 2002, 129–200.

13 Karl Weihe, Hartog, 9–11.

14 Karl Weihe, Hartog, 11. – Weihe erwähnt hier „Krausens Briefe"; gemeint ist möglicherweise: Georg Wilhelm Krause, Historische und psychologische Bemerkungen über Pietisten und Pietismus, Crefeld 1804 (ter Meer). Weihe verweist auch auf Duttenhofers Schrift über Pietismus und Orthodoxie; dabei handelt es sich wohl um: Christian Friedrich Duttenhofer (1742–1814); Aufklärungstheologe, seit 1806 Generalsuperintendent in Heilbronn, verfasste: Freymüthige Untersuchungen über Pietismus und Orthodoxie (Gebauer), Halle 1787.

15 Brecht, Weihe, 191.

Friedrich August Weihe hatte kennen lernen können. Zugleich bringt Weihe jedoch auch seine persönliche „Distanziertheit"[16] dem Pietismus gegenüber zum Ausdruck.

Es bleibt die Frage, wie weitgehend das von Karl Justus Weihe gezeichnete Lebensbild Hartogs eine der eigenen Stellung zum Pietismus entsprechende Färbung angenommen hat oder nicht. Jedenfalls bilden Weihes dem Lebensbild Hartogs vorangestellten sieben Kapitel „über Pietismus" grundsätzlich zu verstehende Überlegungen und stellen die Parameter vor für die Sicht auf den „Pietisten" Gottreich Ehrenhold Hartog. – Was also verstand Karl Justus Weihe unter Pietismus?

3. Karl Justus Weihes Pietismus-Begriff

Seinen Pietismusbegriff setzt Weihe zunächst „klassisch" an, um ihn dann „weiträumig" zu dehnen. Er hebt auf das Selbstzeugnis und Selbstverständnis der Pietisten ab. Sie wollen in ihrem Glauben, in Gesinnung und Wandel wahre und rechtschaffene Christen sein, die sich vom Namenchristentum dadurch unterscheiden, dass sie ihre Religion aus allem formalen Wissen und erstarrtem Kultus, „aus dem blossen Wissen und der Speculation" heraus in das wirkliche praktische Leben ziehen. Sie wollen zu den „Frommen, Gläubigen, Gerechten, Kindern Gottes" gehören, die in der Nachfolge Jesu den schmalen Weg zum Himmelreich gewählt haben.[17] So gesehen entspreche der gegenwärtige Pietismus um 1800 noch dem, was man „aus den Zeiten Speners und Frankens" erheben könne,[18] einschließlich der von ihnen betonten biblischen Grund-

---

16 Brecht, Weihe, 190.
17 Karl Weihe, Hartog, 13 f.
18 Karl Weihe, Hartog, 15.

lage und der eingerichteten collegia pietatis. – Der Epochenbegriff „Pietismus" für das späte 17. und das 18. Jahrhundert ist wohl bewusst vorhanden, tritt aber alsbald in Konkurrenz zu einem eher typologischen Begriff
5 dessen, was Weihe Pietismus nennen möchte. – Offensichtlich gab es auch damals schon strittige oder zumindest sehr unterschiedliche Äußerungen zu der Frage, wie der Pietismusbegriff richtig zu fassen sei.[19]

Weihe dehnt seinen Pietismusbegriff in einen sehr
10 weit in die biblische Tradition hinein ausgreifenden Frömmigkeitsbegriff: Er verweist auf die Frommen im Alten und Neuen Testament von Abel über die Erzväter bis zu den Propheten und zu den Frommen in der Jesus-Geschichte. Jeremias z.B. habe „viele Züge zu dem Bilde
15 eines Pietisten [ge]liefert" – „und sonderlich David", der in der Frage nach der Bedeutung des Gefühls im Pietismus eine hervorragende Rolle spiele. – Und tatsächlich zitiert Hartog in seinen Predigten David immer wieder mit den Psalmen in gutem frommem Sinne. – Der Name
20 Pietismus, so argumentiert Weihe, ist neu für den alten Inhalt „vorzüglicher Frömmigkeit", derer die Pietisten sich „befleißigen". Sie sind jedoch keine Sektierer und Separatisten; sie vertreten keine besonderen Lehren. Sie bleiben im Rahmen der gängigen Lehren des Protestan-
25 tismus, vergewissern sich jedoch stets am biblischen Wortlaut und dulden dessen Veränderung im Sinne einer Philosophie oder des Zeitgeistes nicht.[20]

---

19 Zur Unterscheidung von Epochenbegriff und typologischem Begriff des Pietismus vgl. Hartmut Lehmann, Engerer, weiterer und erweiterter Pietismusbegriff. Anmerkungen zu den kritischen Nachfragen von Johannes Wallmann an die Konzeption der Geschichte des Pietismus, in: PuN 29, 2003, 18–36, hier 21. Ders.: Zur Charakterisierung der entschiedenen Christen im Zeitalter der Säkularisierung, in: PuN 30, 2004, 13–29, hier besonders 22–26. – Vgl. auch Martin Brecht, Pietismus und Erweckungsbewegung, in: PuN 30, 2004, 30–47, hier bes. 47. – Vgl. Ulrich Gäbler, Geschichte, Gegenwart, Zukunft, 37–39, der anhand des Reichs-Gottes-Begriffes pietistisches Denken in seinen Wandlungen bis in 19. Jahrhundert verfolgt.

20 Karl Weihe, Hartog, 15–16, 20–21. – Vgl. Martin Brecht, Die Bedeutung der Bibel im deutschen Pietismus, in: GdP 4, 102–120.

Dagegen misst Weihe dem Gefühl eine hohe Bedeutung zu; denn „das wahre Christenthum [sei] nicht Sache des kalten raisonnirenden Verstandes und der Spekulation, sondern Sache des Herzens und des Lebens".[21] – „Die Vernunft geht rasen in der lutherischen Kirche",[22] hatte Claus Harms in einer seiner 95 Thesen von 1817 festgestellt und sich in dieser Thesenreihe wiederholt und grundsätzlich gegen eine wie auch immer geartete Herrschaft der Vernunft gewandt. „Wenn in Religionssachen die Vernunft mehr als Laie sein will, so wird sie zur Ketzerin. Die meide!"[23] Harms verweist auf das „feste(s) Bibelwort, darauf wir achten".[24] Man könnte meinen, dass Karl Weihe geradezu gegen diese in den Thesen von Harms angeprangerte Entwicklung zu einer „Vernunftreligion" in seiner Darstellung von Pietismus auch hier pointiert auf die biblische Überlieferung zurückgreift, wenn er etwa David als dem Psalmendichter und -sänger eine ausgesprochen bemerkenswerte Position zuweist: In den Psalmen seien Gefühle und Affekte so vorhanden, dass sie wiederum die religiösen Gefühle ihrer Leser erweckten! Daher möchte er David „den eigentlichen Vater der Pietisten nennen."[25]

Was den pietistischen Prediger angeht, so erfährt er in seiner Rolle dann heftige Kritik, wenn er über die bei einem pietistischen Prediger zu erwartende Moral-

---

21 Karl Weihe, Hartog, 25. – „Gleichwie die Vernunft ihren Verstand hat, also hat auch das Herz seinen Verstand, nur einer ganz anderen Welt zugekehrt." Claus Harms, These 39, in: Faber (Hg.), Die Reformationsthesen, 25.

22 These 71, ebd. 25.

23 These 47, ebd. 22.

24 These 50, ebd. 22.

25 Karl Weihe, Hartog, 27. – Hartogs Begriff des Gefühls bedürfte einer genaueren Untersuchung, hier erscheint er eher in einem affektiven und emotional gestimmten Sinne. Siehe oben S. 33, Anm. 87. – Vgl. hierzu: Marcel Marot, Art. Gefühle, III. Fundamentaltheologisch, in: RGG⁴ 3, 2000, 535–536; – Ursula Franke/G. Oesterle, Art. Gefühl I, in: HWP 3, 1974, 82–89; – H. Emmel/Silvie Rücker, Art. Gefühl II, in HWP 3, 1974, 89–93; – H.-J. Birkner, Art. Gefühl schlechthinniger Abhängigkeit, in: HWP 3, 1974, 98; – ders., Gefühlsreligion, in: HWP 3, 1974, 99–100.

kritik hinaus nicht bloß Moral predigt, sondern Moral im Sinne christlicher Ethik fordert! Weihe benennt eine Reihe von Themen der „ächt=christliche[n] Gesinnung",[26] die Ablehnung hervorrufen müssen: Bekehrung, Sündersein, Versöhnung mit Gott, Christus als Mittler, Heiligung mit Beistand des Heiligen Geistes – im Glauben – aus Liebe zu Jesus, dann scharfe Grenzziehung zwischen wahrem und falschem Christentum, die Zwei-Wege-Lehre, das Sich-Fernhalten von Gruppierungen und Veranstaltungen unter dem Zeit- und Weltgeist, die Schärfung des Gewissens auch angesichts des Todes.[27] Es ist sicher kein Zufall, dass Weihe die Darstellung dieser Themen nicht beliebig wählt und willkürlich herzählt, sondern theologisch entsprechend der Heilsordnung aufreiht von der Bekehrung zum wahren Christsein bis hin zur Vollendung des Sterbens mit einem getrösteten Gewissen. All dies zeichnet die Prediger aus, „die man als Pietisten bezeichnet"[28] und die aus echtem christlichem Geist heraus ihren Dienst wahrnehmen.

Wahrscheinlich sieht Weihe sein Predigtamt selbst so,[29] – und er skizziert zugleich die theologischen Leitbegriffe für die Prediger, die dem wahren Christentum verpflichtet sind und als dem Pietismus zugehörig an-

---

26 Karl Weihe, Hartog, 40.

27 Karl Weihe, Hartog, 40 f.

28 Die „echte christliche Gesinnung" mit Bezug zur Heilsordnung wird noch einmal in noch klareren theologischen Begrifflichkeiten vorgestellt: Der Mensch, von Natur aus Sünder, bedarf der Wiedergeburt. Buße und Glaube müssen als Werk des Heiligen Geistes in der Bekehrung wirklich erfahren und geübt werden. Hartog hebt die Vielgestaltigkeit der „echten christlichen Gesinnung" in denen hervor, die dem Pietismus zuzurechnen sind und sich als Pietisten darstellen. (40) Vgl. auch oben S. 70, Anm. 217. – Zur Heilsordnung bei F. A. Weihe vgl. auch Brecht, Weihe, 154–166.

29 Am 16. September 1821 hält Karl Weihe eine Predigt, die diese Struktur der Heilsordnung erkennen lässt. Sie liegt gedruckt vor: Jesus Christus gestern und heute und ewig derselbe. Eine Gastpredigt gehalten in Elberfeld den 16. Sept. 1821 von Karl Weihe, Prediger zu Mennighüffen im Fürstenthum Minden. Elberfeld 1821. – Expl. in der Bibliothek der Kirchlichen Hochschule Bethel, Signatur Ed 2044.

gesehen werden können. Damit werden auch die entsprechenden Parameter vorgestellt, die der Beurteilung und der Darstellung des Pastors Gottreich Ehrenhold Hartog dienen, ja, mehr noch: wir begegnen in diesen Überlegungen im Grunde einer Beschreibung der pietistisch geprägten Theologie und geistlichen Praxis Hartogs. Von ihm gilt: „Was man auch gegen Pietisten sagen mag: es bleibt dennoch wahr, dass sie ein Segen für die Welt sind" und „als Lichter in der Welt erscheinen".[30] Genau das hatte Weihe schon im Vorwort in Hinsicht auf sein Vorhaben und damit über seinen Protagonisten gesagt und Hartog unter den Menschen gesehen, „die zu ihrer Zeit und in ihrem Kreise ein Licht der Welt waren, [diese] als solche bekannt zu machen, und wenn sie in einer gewissen Verborgenheit lebten, aus diesem Dunkel hervorzuziehen, damit ihr Licht sich weiter verbreite, und auch nach ihrem Tode noch leuchte."[31]

4. Gottreich Ehrenhold Hartog und die „Weihe-Schule"

1763 wurde Hartog in die Pfarrstelle des kleinen Dorfes Löhne berufen, das damals 800 Einwohner hatte, im Urteil von Karl Weihe gerade angemessen für den gesundheitlich angeschlagenen 25jährigen Pfarrer Hartog. In Weihes Lebensbeschreibung über Hartog kehrt dies Motiv von der körperlichen Schwachheit Hartogs immer wieder und wirkt zuweilen geradezu wie ein literarisches Kontrastmittel zu einer nicht immer ausdrücklich erinnerten seelischen Stärke und inneren Kraft Hartogs. Offensichtlich ging es ihm so wie Friedrich August Weihe in Gohfeld, dem er nun begegnete und der seinerseits mit schweren gesundheitlichen

---

30   Karl Weihe, Hartog, 53 f.
31   Ebd. 9.

Beeinträchtigungen zu kämpfen hatte.[32] Vielleicht hatte F. A. Weihe aufgrund dieser eigenen Konstitution auch mehr Verständnis für den jungen Kollegen im Nachbardorf Löhne, den er nach Kräften – auch später in Herford noch – unterstützte oder für Hilfe sorgte, wenn sie nötig wurde.

Aber es war wohl noch etwas ganz anderes, was die Freundschaft zwischen den beiden Pastoren entstehen ließ. F. A. Weihe war schon ein weithin bekannter erwecklicher Prediger, Hartog aber war die Art der Predigt und der Amtsführung des Gohfelder Pfarrers fremd. „Er predigte in Löhne die Wahrheit",[33] worunter man sich wohl eine eher trockene, sicher biblisch orientierte und orthodox-dogmatische Inhalte dozierende Rede vorstellen möchte. Er wollte „Nutzen schaffen", wurde auch in seiner Amtsführung von der Gemeinde geachtet, vermochte aber nicht, „die Menschen zu ergreifen und starke Eindrücke auf sie zu machen", woran ihn denn auch seine Erkrankungen und die Notwendigkeit fremder Hilfe im Amt hinderten.[34]

Zu seiner Vertretung kam der Kandidat Christian Ludwig Seyd (1744–1825)[35] in den Ort, der über die Gabe der erwecklichen Predigt verfügte, sodass es in Löhne zu Bekehrungen kam – und Hartog sich seinerseits um einen neuen erwecklichen Ton in seiner Predigt bemühte. Außerdem suchte er in dieser Sache den Rat Friedrich August Weihes und orientierte sich an ihm als Vorbild. Er veranlasste „die Heilsbegierigen" seiner Gemeinde, zu F. A. Weihes Sonntagnachmittags-

---

32 Worauf Weihe immer wieder hinweist in: [Auszug aus Karl Justus Friedrich Weihe,] Das Leben des seligen F. A. Weihe, vormals Prediger zu Gohfeld im Fürstenthum Minden. Gütersloh o. J., vielleicht Mitte 19. Jhdt., 8.11.35.39.55.
33 Karl Weihe, Hartog, 59.
34 Ebd.
35 Bei Karl Weihe, Hartog, 60, ist der Name nicht genannt, siehe auch oben 60, Anm. 182.

predigt mit ihm nach Gohfeld zu pilgern „zu ihrem gemeinschaftlichen Vater" Weihe.[36] – Das brachte ihm einen großen Zugewinn an „Erkenntniß und Erfahrung". Er „bildete sich in dieser Schule vortrefflich zu einem der brauchbarsten Christen=Lehrer und Seelsorger."[37] Weihe und Hartog wurde Freunde, Hartog ein Schüler Weihes.[38]

Was zeichnete die „Weihe-Schule" besonders aus? F. A. Weihe ging es darum, selbst in einer „brüderlichen Gemeinschaft" aufgehoben zu sein und anderen eine solche Gemeinschaft zu geben, die der gegenseitigen Förderung im Glauben und im christlichen Leben dadurch dienen, dass „einer durch den andern belehrt, ermuntert, getröstet, im Glauben gestärkt, zum Lobe Gottes erweckt, in guten Entschließungen befestigt, zu guten Thaten gereizt, bestraft, beschämt, und weiser, treuer, geduldiger, ernstlicher, oder auch sanfter, liebreicher, geselliger, gemeinnütziger gemacht wird."[39] Es ist die Idee vom gemeinsamen Leben in einer qualifizierten geistlichen Gemeinschaft, die der gegenseitigen Förderung dient. Die Theologen, die im Gohfelder Pfarrhaus Gemeinschaft erfuhren, trugen einen hohen menschlichen und geistlichen Gewinn davon. Dies wird im wesentlichen in den letzten fünf Lebensjahren Friedrich August Weihes, 1766–1771, geschehen sein, denn während des Siebenjährigen Krieges (1756–1763) wurde in Gohfeld – in dessen Nähe 1759 eine große Schlacht stattfand – alles Leben in Mitleidenschaft gezogen. Außerdem brannte 1763 das Gohfelder Pfarrhaus ab und konnte erst 1766 wieder aufgebaut werden, sodass erst dann das Pfarrhaus der Mittelpunkt einer

---

36 Karl Weihe, Hartog, 64.
37 Ebd.
38 Vgl. Windhorst, Hartog, 169–172.
39 Karl Weihe, Auszug, 27.

„brüderlichen Gemeinschaft" und der Ausgangspunkt der so genannten „Weiheschule" werden konnte.

Hartog gehörte zu den jungen Pastoren und Kandidaten der Theologie, die in Friedrich August Weihe einen theologischen Lehrer und geistlichen Vater gefunden hatten. Diese Pastoren ließen sich im ganzen heute so genannten ostwestfälischen Raum als Pfarrer nieder und wirkten im Geiste Friedrich August Weihes. Christian Peters hat einleuchtend dargestellt, dass die Theologen der „Weihe-Schule" in den wichtigen Orten von Minden-Ravensberg entlang den großen Verkehrswegen zwischen Schlüsselburg im nördlichen Fürstentum Minden bis Lippstadt im südlichen Ravensberg und von Vlotho im Osten bis nach Versmold im Westen der Grafschaft die Pfarrstellen innegehabt haben.[40] Ihre Wirkung freilich habe „gegen Ende des 18. Jahrhundert merklich an Einfluss verlor[en]", sei aber „publizistisch sehr wohl präsent" geblieben.[41]

Zu den pietistischen Pfarrern, die auf diese Weise eine weiterreichende erweckliche Wirkung entfalteten, gehörte auch Gottreich Ehrenhold Hartog (1738–1816), den Peters zusammen mit Hilmar Ernst Rauschenbusch (1745–1815) in Bünde (1771–1790),[42] dann in Elberfeld, und mit Anton Gottfried Hambach (1736–1819) in Exter (1767–1777), dann in Hoyel (bei Melle, Hannover)[43] zu den drei in etwa der gleichen Generation angehörenden Freunden und Schülern Weihes rechnet, die sein Erbe in unterschiedlicher Gestalt und Richtung „repräsentierten" und weitertrugen.[44]

---

40 Peters, Vorgeschichte, besonders 67–82 sowie 64 Anm. 5 das umfangreiche Verzeichnis von Quellen und Literatur, 87 die Liste der Pfarrer, und 88f. die Karten. – Vgl. auch die Karte bei Rische, Volkening, ²1999, 314.
41 Peters, Vorgeschichte, 79.
42 Bauks, 398f., Nr. 4941; Peters, Vorgeschichte, 70–74.
43 Bauks, 178, Nr. 2262; Peters, Vorgeschichte, 75.
44 Peters, Vorgeschichte, 73.

5. Gottreich Ehrenhold Hartog – Prediger
der pietistischen Schule

1769 wechselte Hartog auf dringenden Rat und durch
die Vermittlung von F. A. Weihe an die St. Jakobi-Kirche „auf der Radewig" nach Herford. Diese Stadt[45] mit
der freien Reichsabtei in ihrer Mitte hatte sich schon in
den 1520er Jahren der lutherischen Reformation geöff-
net, erhielt 1532 eine der ganz frühen lutherischen Kir-
chenordnungen in Westfalen.[46] Während der Regent-
schaft (1667 bis 1680) der hoch gebildeten Fürstäbtis-
sin der Reichsabtei Herford, Elisabeth von der Pfalz
(1618–1680), die in Kontakt mit Descartes (1596–1650)
und Leibniz (1646–1716) stand, hielten sich Jean de Labadie (1610–1674) mit seinen Anhängern für fast zwei
Jahre in ihren Mauern auf (1670–1672)[47] und wenig
später die Quäker.[48] 1690 gaben die Prediger der Stadt
eine Katechismuserklärung heraus, den später so genannten „Herforder Katechismus".[49] Und 1750 erschien ein zwischen Liberalen und Konservativen um-
strittenes neues Gesangbuch,[50] und das alles geschah
nicht in einer prosperierenden Stadt, sondern in einer

45   Rainer Pape, Sancta Herfordia, 197–215. Zum Folgenden für die Stadt
      Herford vgl. auch Niemann, Pastor Gottreich Ehrenhold Hartog, 3–8; für
      Herford und sein Umland: Wolfgang Knackstedt, Geschichte des Kreises
      Herford. In: Ders., Chronik des Kreises Herford, Herford 1983, 27–148,
      hier 93–122; vgl. Windhorst, Hartog, 172–176.
46   Reformatorische Frömmigkeit. Die Kirchenordnung des Dr. Johannes
      Dreier aus dem Jahre 1532, hg. v . Kirchenkreis Herford, Herford 1982.
47   Gustav A. Krieg, Art. Labadie, in TRE 20, 1990, 362–365, hier 362 f.
48   Vgl. Pape, Sancta Herfordia, 221–233.
49   „D. Martin Luthers Kleiner Katechismus samt einer kurzen Anleitung zu
      besserem Verständnis desselben. In gewisse Fragen und Antworten ge-
      stellt von den gesamten evangelischen Predigern zu Herford." Ein Nach-
      druck wurde „veranlasst durch das Katechetische Amt der Evangelischen
      Kirche von Westfalen", Bielefeld 1954.
50   „Neu-eingerichtetes Herfordisches Gesangbuch, Worin alles beym öffent-
      lichen Gottesdienst bräuchliche und noch andere zu solchem Zweck Aus-
      erlesene Lieder enthalten: nebst einem vollständigen Geistreichen Ge-
      bet=Buche; Ausgefertigt vom Evangelisch=Lutherischen Ministerio in

seit dem 30jährigen Krieg unaufhaltsam niedergehen-
den Stadt, in verschiedenen späteren Kriegen um-
kämpft, belagert, von Einquartierungen ausgebeutet,
verarmt, zu einer Ackerbürgerstadt herabgesunken –
5 zuletzt schon 1802 der längst evangelisch gewordenen
Fürstabtei durch Säkularisation beraubt und gänzlich
bedeutungslos geworden und dann noch einmal als
Garnisonstadt hart durch nicht enden wollende Trup-
penbewegungen und Herrschaftswechsel geschunden
10 in der napoleonische Zeit mit den Befreiungskriegen
zwischen 1806 und 1813.[51] Das waren die letzten Amts-
jahre des Pastors Gottreich Ehrenhold Hartog an St. Jakobi. Jegliche materiellen und seelischen Kraftreserven
der Herforder waren aufgebraucht. In diesen Jahren
15 waren die Prediger und Seelsorger der Stadt besonders
gefordert. Das war die Zeit, in der die ersten Predigtbände Hartogs seit 1806 (!) erschienen.

    Als Hartog 1769 nach Herford kam, hatte er geistli-
che und wohl auch moralische Aufbauarbeit zu leisten:
20 Die Gemeinde sei „verwarloset".[52] Die Radewiger Gemeinde hatte ihn jedoch sehr gut aufgenommen. Karl
Justus Weihe berichtet, in Herford sei „schon früher

      Herford. HERFORD, 1750"; das Titelblatt ist abgebildet bei Rainer Pape,
      Das Städtische Museum Herford als Spiegel Herforder Geschichte. In:
      Herforder Jahrbuch. Beiträge zur Geschichte der Stadt und des Stiftes
      Herford. Hg. v. [...] Rainer Pape, Bd. XV–XVI, Herford 1974/75, 7–96, hier
      61.68–71. – Näheres zur Geschichte: Leberecht Schilling, Das Herfordi-
      sche Gesangbuch als Spiegel der Stadtgeschichte. 41–51.
51   Vgl. den Sammelband hg. v. Wolfgang Otto, Herforder Verein für Heimat-
      kunde e. V.: Am Beginn einer neuen Zeit. Herford zur Jahrhundertwende
      – um 1900, zur Revolutionszeit – um 1848 (Freie und Hansestadt Herford
      15), Leopoldshöhe 1998; darin besonders: Hermann Stell, Eine stürmische
      Zeit. Herford vor und nach 1800, 14–39, sowie den zeitgenössischen Be-
      richt zur sozialen Situation von: Hermann Ameler, „Der Notstand der
      Herforder Tagelöhner, seine Ursachen und seine Abhülfe". Herforder
      Kreisblatt, 23. December 1848, 93–101. – Hermann Ameler (1811–1904)
      war Pfarrer in Herford 1838–1847 an St. Jakobi, danach an St. Johannis
      in Herford 1847–1897, und zugleich 1871–1885 Superintendent von Her-
      ford. Dazu vgl. Bauks, 7, Nr. 90.
52   Karl Weihe, Hartog, 65.

ein religiöser Sinn erwacht", und „viele (!) Einwohner" haben am Sonntag den Weg nach Gohfeld auf sich genommen, um sich dort zu erbauen. Neben der „Weihe-Schule" gab es also auch eine „Weihe-Gemeinde" aus Stadt und Land Herford, – was der Arbeit von Hartog in Herford gewiss zugute kam. Darüber hinaus sah Karl Justus Weihe in Hartog auch die Persönlichkeit, die in der Lage war, die Frommen, auch Prediger und Lehrer, zu sammeln und zusammen zu halten, sie „teils zu belehren, und zu ermuntern, teils in ihrer Thätigkeit vollständig [zu] leiten".[53] Hartog trat nach dessen Tod 1771 an die Stelle des „Vater Weihe", in dessen Geist und Sinn er sein Amt führte. Er „war und blieb" aber andererseits „ganz originell, und ging seinen eigenen Gang".[54]

Für die Amtstätigkeit Hartogs lassen sich drei ineinander greifende, sich gegenseitig bedingende und ermöglichende Arbeitsbereiche nennen: Predigt, Seelsorge und privates Studium. Die Predigt, „sein Medium" (Peters), bildete dabei gewiss einen besonderen Schwerpunkt. Hinzu kam die besondere oder „spezielle" Seelsorge in Einzelgesprächen und das öffentliche Lehren und Katechisieren. Offensichtlich vermochten seine Predigten Menschen innerlich und äußerlich in Bewegung zu bringen, auch in der Hinsicht, dass sie den Pastor als Seelsorger wieder mehr in Anspruch zu nehmen begannen. In den sich entwickelnden Seelsorgegesprächen ergab sich eine Beziehung zwischen dem Seelsorger und seinen Besuchern, die schon seit Philipp Jakob Spener ein gewünschtes Charakteristikum in einer christlichen Gemeinde sein sollte, und das ist die unmittelbare Beziehung zwischen Seelsorger und Gemeindeglied, die Kenntnis des Menschen, die Nähe von Herz zu

---

53   Karl Weihe, Hartog, 66.
54   Karl Weihe, Hartog, 68.

Herz.[55] Karl Justus Weihe spricht davon, dass die Be-
sucher den Wunsch hatten, „die Geistes= und Her-
zens=Gemeinschaft mit einem Manne zu unterhalten,
in dessen Nähe man sich immer zu frommen Gesinnungen erweckt [!], oder darin gestärkt fand."[56] Hier beginnt
und geschieht Erweckung aus dem seelsorgerlichen Gespräch, Erweckung zu frommer Gesinnung. In dieser
seelsorgerlichen Nähe ist eine besondere Stärke und Fähigkeit oder wohl auch die besondere Begabung Hartogs
gesehen worden: „Dieser specielle erbauliche Umgang",
konstatiert der Biograph, „ist [...] keine Sache für die gewöhnlichen Prediger, die dazu weder Lust, noch auch Fähigkeit haben denselben [nämlich einen solchen „speciellen erbaulichen Umgang"] ihren Gemeinsgliedern
nützlich zu machen – es ist beinahe ein karakteristisches
Merkmal derer, die man Pietisten nennt."[57] Aber eben
das ist *das* Merkmal, das Hartog kennzeichnet.

Die Gespräche in der „speziellen Seelsorge", die den
Pastor in eine – zuweilen auch engere – persönliche Nähe und Verbindung mit den Gemeindegliedern bringen,
wurden für Hartog eine unerlässliche Voraussetzung für
seinen Predigtdienst. Hier gewann er ein großes Maß an
Menschenkenntnis und lernte zugleich das Maß der
christlichen Erkenntnis derer kennen, die ihn besuchen

---

55 Vgl. zum Stichwort „Herz" bei Spener vgl. Philipp Jakob Spener, Pia de-
    sideria: oder Hertzliches Verlangen Nach Gottgefälliger Besserung der
    wahren Evangelischen Kirchen/sampt einigen dahin einfältig abzwecken-
    den Christlichen Vorschlägen Philipp Jacob Speners D. Predigers und Se-
    nioris zu Franckfurt am Mayn [...] M DC LXXVI. Hg. v. Kurt Aland, KlT
    170, Berlin 3. Aufl. 1964, 2. Nachdruck 1982 (abgekürzt: PD), 61,27.31.35.
    – Es kann kein Zweifel daran bestehen, dass es sich hier um einen Aus-
    druck pietistischer Herzensfrömmigkeit handelt, die allerdings nicht nur
    auf die innerliche Frömmigkeit zielt, sondern vielmehr auf die Tat der
    Liebe. Spener macht deutlich, dass das Herz die Praxis der „brüderlichen
    und gemeinen Liebe" steuert. Und mit Bezug auf die Feindesliebe stellt er
    fest, sie müsse fleißig geübt werden, um den „zur Rache geneigten Adam"
    zu zähmen und „die Liebe tieffer in das hertz" hineinzuprägen. PD 61,
    15 f. und 32–35. – Vgl. Windhorst, Theologie mit Herz, 166–170.
56 Karl Weihe, Hartog, 77.
57 Karl Weihe, Hartog, 77.

oder die er besucht. Er erfuhr, wie sie denken und empfinden, welche Vorurteile sie pflegen und welche Stärken und Schwächen sie haben, worin ihre Versuchungen
bestehen und was sie hindert, sich zu bessern. Die Gespräche dienten ihm als Materialsammlung für seine 5
Predigten. Sie waren der Nährboden für eine die Menschen treffende und bewegende Predigtweise. Die am
evangelischen Geistlichen seiner Zeit geübte Kritik, er
sei „nur noch Religionslehrer, aber kein Seelsorger
mehr",[58] trifft auf Hartog nicht zu. Karl Weihe stellt in 10
diesem Zusammenhang den Seelsorger sogar noch über
den Prediger: „Hartog war gewiß einer von denen, die
durch den Privat=Umgang am meisten Gutes gestiftet
haben."[59]

Hartogs Predigt lebte auch von der theologischen Lek- 15
türe, die man auf seinem Arbeitstisch liegen sah, und von
den theologischen Gesprächen mit seinem hoch gebildeten Freund Ernst Heinrich Rudolph (1738– 1807),[60] seit
1761 Pastor an der Münsterkirche zu Herford und seit
1790 Senior in Herford. Diesen belesenen Mann besuchte 20
Hartog manchen Abend, um an seinen Lesefrüchten teil-
zuhaben und sich im Gespräch mit dem geistlichen
Freund auszutauschen. Allerdings habe Hartog keine besondere Neigung gezeigt, „sich mit der neueren Philosophie zu befassen, von welcher er für sein theologisches 25
Studium wenig Heil erwartete."[61] Der Gegenstand seines
Studierens war die Bibel, und er „wandte sein Forschen
und Nachdenken auf das Praktische".[62] Das fand neben
dem ausdrücklich theologischen, geistlichen und seelsorgerlichen Inhalt in seinen Predigten einen eigenen aus- 30
geprägten – eben „hartogschen" – Ausdruck.

58   Karl Weihe, Hartog, 78.
59   Karl Weihe, Hartog, 78.
60   Bauks, 419, Nr. 5202.
61   Karl Weihe, Hartog, 83.
62   Karl Weihe, Hartog, 83.

In seinen frei gehaltenen Predigten – er schrieb sie erst hernach auf – war Hartog für seine Zeit populär, erwecklich, verständlich, den einfältigsten Menschen begreiflich und praktisch. Er stellte die Heilsordnung entsprechend 5 der biblischen Überlieferung elementarisiert dar, oder er bewegte sich in dieser Ordnung von der Buße über die Bekehrung in den Glauben und in die Heiligung und also in das wahre christliche Leben und schließlich zum ewigen Heil. Genau diese prozessuale Struktur findet sich in 10 den Überlegungen Karl Justus Weihes zum Pietismus, in denen er die Heilsordnung für die Darstellung der pietistischen Frömmigkeit und biblisch-theologischen Lehre berücksichtigte. Hartog dachte wie „Vater" Friedrich August Weihe ganz im Sinne eines geistlichen Entwick 15 lungsprozesses, in den der Mensch gestellt wird, den er aber auch aktiv gehen muss, weil er ihn, einmal – vom Wort durch den Geist – ergriffen und im Herzen gerührt, gehen *will*, – und doch machte er in seinen Predigten zugleich gut lutherisch deutlich, es gehe in all dem um „das 20 Werk Gottes" am Menschen. Dabei offenbarte sich seine Menschenkenntnis, mit der er nicht zurückhielt, entlarvte Entschuldigungen und Heucheleien, nahm den Hörern die „falschen Stützen" ihrer Selbstberuhigung und warnte sie vor Selbstbetrug.[63] In der Vorrede zum zweiten 25 Teil der „Predigten über die Sonn= und Festtags=Evangelien" hält er fest, dass sein Predigtband nichts anderes als ein „Erbauungsbuch" sein soll, „und zwar für die geringere Volksclasse, für die ich besonders schreibe, um ihrer Unwissenheit, ihren Irrthümern, Vorurtheilen, Be 30 kehrungs= und Glaubenshindernissen entgegenzuwirken und sie auf dem angefangenen Wege zur Seligkeit mit gutem Rath aus der Schrift fortzuleiten."[64]

---

63 Karl Weihe, Hartog, 70.
64 Hier zitiert nach dem Wiederabdruck in: Predigten über die Fest- u. Sonntags-Evangelien des ganzen Jahres. Ein sonntägliches Erbauungs-Hausbuch von G[ottreich] E[hrenhold] Hartog. 2. Aufl. Paderborn 1836, V.

Hartog wollte nicht anders als biblisch sprechen, in den Bildern und Beispielen, vor allem aber im Geist der Bibel, ohne lehrerhaft weise oder rhetorische Eitelkeiten. „Nichts, was den feinen Geschmack befriedigen sollte", duldete er in seiner Predigt, „sondern nur Bibelwahrheiten mit biblischen Worten und Ausdrücken, die zur Erbauung gereichen, das heißt: die unsere Seelen zur Gemeinschaft mit Gott in Christo Jesu [...] anweisen, erwecken, ermuntern, reizen und locken, darin befestigen und weiter fortführen können, bis sie der ewigen Seligkeit theilhaftig werden können."[65] In diesem Sinne sprachen seine Predigten von Herz zu Herz, wie auch jener Rezensent der „Drey Predigten von dem dreyfachen Stuffen-Alter im Christenthum" von 1806 ausdrücklich bemerkt hatte.[66] Hartog sagte dies immer sub specie aeternitatis, mit dem Blick auf das ewige Heil. Zugleich aber sollten seine Predigten auch den Verstand erreichen, die Einsicht in die Inhalte des Glaubens wecken und daraus sich ergebende Verhaltensweisen des wahren Christen im Lebensvollzug möglich machen. Und weil Hartog die Menschen aus der Seelsorge kannte und er selbst an der Nähe zur Praxis des Glaubens- und Lebens der Menschen interessiert und orientiert war, hatte er eine selbstverständliche Hörernähe. Diese aber verdichtete sich noch dadurch, dass er die selbst empfundene Überzeugtheit von den Inhalten seiner Rede den Hörern auch zu vermitteln vermochte. Prediger und Seelsorger gehören in der Person Hartogs zusammen.

Anders lässt sich kaum erklären, dass z. B. auch Fremde die Gottesdienste in seiner überfüllten St. Jakobi-Kirche besuchten und sich entsprechend äußer-

---

65 G. E. Hartog, Predigten über die Fest- u. Sonntags-Evangelien, VI.
66 Siehe oben 107 den Text zu Anm. 1. – Vgl. Ulrich Rottschäfer, Erweckungsbewegungen, 25, der ähnliches für F. A. Weihe beobachtet hat.

ten. So berichtet der Herrnhuter Diasporaarbeiter Schreiber dazu aus Herford über Hartog, er habe ihn „von einer neuen Erweckung in seiner Gemeinde"[67] erzählen hören. In Herford seien „die Predigten des Pastors Hartog so zahlreich besucht, [...] daß in der Kirche nicht ein Platz zu sehen war, wo noch ein Mensch hätte stehen können". Und in Schreibers Bericht von 1809 ist zu lesen: „»In Herford nahm uns Pastor Hartog in seinem Haus auf, mit dem wir manche gesegnete Unterredung hatten. Es sind seit kurzem in dieser Gegend viele Menschen erweckt worden, davon wir mehrere besuchten«"[68] Die Menschen kamen zu ihm in Scharen, um ihn zu hören, mit ihm zu sprechen, wie sie früher zu F. A. Weihe nach Gohfeld gingen und auch lange Wege nicht scheuten. Wie es damals eine „Weihe-Gemeinde" gab, so hatte sich in Herford nun auch eine erweckte „Hartog-Gemeinde" gebildet.

In dem Sammelband „Der Christ in dreyßig Predigten nach allen seinen Lagen und Christen=Tugenden aus den Sonntags=Evangelien", 1810, bemerkt Hartog im „Vorbericht": „So meine ich auch, keine Lage des Christen, weder geistliche noch leibliche, im Leben – Leiden – Sterben – vor [dem Jüngsten] Gericht und in der Ewigkeit vergessen zu haben."[69] Wichtig ist ihm auch hier der Hinweis, der Leser solle nicht vergessen, „daß ich für die geringere Volksklasse schreibe, deren Vorurtheile ich ziemlich zu kennen glaube."[70] Für diese Leute sei es notwendig, der Predigt genaue Einteilungen zu geben, damit sie die Predigtinhalte besser im Gedächtnis behalten können. Und schließlich: Auch hier

---

67   Ludwig Koechling, Minden-Ravensberg und die Herrnhuter [2. Teil], 77.
68   Zit. n. Koechling aaO. [2. Teil], 77.
69   G. E. Hartog, „Der Christ in dreyßig Predigten nach allen seinen Lagen und Christen=Tugenden aus den Sonntags=Evangelien [...]", Bielefeld 1810, 4.
70   Ebd.

ist ihm der biblische Bezug wesentlich, wie er auch im Titel jener Predigtsammlung schon anklingt; er sagt dazu, er habe nicht einen allgemeinen Titel wie einfach „Der Christ" gewählt; denn er habe „über allerley nützliche und ins menschliche Leben einschlagende Materien, so die Evangelia darbieten", etwas mitteilen wollen. Dem entsprechend bietet der Band eine Fülle von Themen aus dem Lebensvollzug eines Christen. Hier gehe es um „christliche Morale",[71] d. h. um das, was im Sinne des christlichen Glaubens sittlich zu verantworten ist. Der Predigtband, der ein Jahr zuvor erschienen war – gemeint sind die „Zehn Predigten von den inneren Anfechtungen des wahren Christen" von 1809[72] –, habe ja die inneren Erfahrungen eines Christen zum Thema gehabt.[73] Jetzt aber, in den „Christen Tugenden", die er alle berücksichtigt zu haben glaubt,[74] gehe es mehr um die im gewissen Sinne „äußere", erkennbare Lebenspraxis des Christen. – Hier erfüllte sich, so könnte man sagen, Philipp Jakob Speners Forderung nach einem „Christentum in der Praxi"[75] – Hartog beginnt mit der Frage: „Wie wird man ein Christ" über Kol 2,6.7,[76] um eine theologische Basis herzustellen, von der aus er im Folgenden argumentiert. Es folgen dann Themen, die jeweils die Evangelien vorgeben und die elementarisiert

---

71 „Sie enthalten christliche Morale; so wie meine letzern innere Erfahrungen enthielten." Hartog, Der Christ in dreyßig Predigten, 3
72 Peters, Zur Vorgeschichte, 77.
73 Vgl. Anm. 71.
74 Vgl. Im „Vorbericht", 3, des Bandes: Der Christ in dreyßig Predigten nach allen seinen Lagen u. Christen-Tugenden.
75 Vgl. Spener, PD 60,31–61,3: Spener meinte im dritten seiner sechs Reformvorschläge der Pia desideria, man müsse die Leute daran gewöhnen, „zu glauben / daß es mit dem wissen in dem Christenthum durchaus nicht genug seye / sondern es vielmehr in der praxi bestehe: Sonderlich aber unser lieber Heyland zum öftern uns die Liebe als das rechte kennzeichen seiner Jünger anbefohlen habe" [Hervorhebung von Ch.W.].
76 „Wie ihr nun den Herrn Christus Jesus angenommen habt, so lebt auch in ihm und seid in ihm verwurzelt und gegründet und fest im Glauben, wie ihr gelehrt worden seid, und seid reichlich dankbar." Kol 2,6 f. (Luther 84).

werden auf bestimmte Situationen: Arbeit, Haushaltung, Familie, Trauer, Tod („Der Christ hinter dem Sarge", Nr. 18), die Kirche, Reden und Schweigen, Wandel in der Liebe (Evangelium vom barmherzigen Samariter), Dankbarkeit, Demut, Leiden, auf dem Krankenbett, unter dem Gefühl der Sünde, vor Gottes Gericht, im Himmel – um nur einige Beispiele zu nennen.[77] Insgesamt erkennt man auch hier einen geistlich gedeuteten Lebensweg in Entsprechung zu der immer wiederkehrenden Heilsordnung; es ist der Weg, der vom Anfang des Christseins bis in den Himmel führt.

Die Predigten – nicht nur in diesem Band – folgen einem einheitlichen, in jener Zeit üblichem Aufbau: Sie beginnen mit einem Gebet; es folgt eine Einführung, der Text mit Themenangabe und Gliederung in mehreren Teilen und Unterteilungen, am Schluss oft eine „Anwendung". Alles wird getreulich abgearbeitet. Alles soll von den Hörenden behalten und mitgenommen werden können ins alltägliche Leben.

6. Hartogs Wirkung über Zeit und Ort hinaus

Hartog verfolgte mit der Veröffentlichung seiner Predigten ganz offensichtlich den Zweck, das ganze christliche Leben in den Horizont seiner Predigten und damit in die christliche Lehre hereinzuholen zur Erbauung der Hörer und Leser. Peters hat das beobachtet und dargestellt.[78] Wir haben an einiges davon erinnert.

Es sei schließlich hingewiesen auf die „Predigten über die Fest=und Sonntagsevangelien des ganzen Jahres. Ein sonntägliches Erbauungs=Hausbuch", das 1836 – zwanzig Jahre nach seinem Tod – in zweiter Auf-

---

77 Der Christ in dreyßig Predigten, 7 f.
78 Peters, Zur Vorgeschichte, 77 f.

lage Predigten aus Veröffentlichungen in den Jahren
1806–1815 enthielt und im katholischen Paderborn ver-
legt wurde. Dieser mit 878 Seiten voluminöse, mit ver-
ziertem Ledereinband und Goldschnitt und mit dem „sehr
ähnlichen Bildniß" des Predigers versehene, prächtig ge- 5
staltete Predigtband lässt vermuten: Die Predigten Hartogs wurden verlangt und gelesen – in „dieser Gegend",
wie es in der Vorrede der Verleger heißt, und von „zahlreichen Begehrer[n]"[79] „außer Deutschland". Die Verleger eröffneten ihr Vorwort mit dem Hinweis, sie seien 10
„vielfach aufgefordert von den zahlreichen Verehrern des
bereits vor zwanzig Jahren verstorbenen Herrn Pastors
G. E. Hartog in Herford [...] seine Predigten aufs neue
herauszugeben." Man wolle sogar noch einen weiteren
Band folgen lassen.[80] Außerdem weisen die Verleger dar- 15
aufhin, Hartog stehe ja in der Tradition „der alten belieb-
ten," aber vergriffenen Postillen von Riese und Schubert.
Heinrich Schubert (1692–1757)[81] war lutherischer Prediger an der Heilig-Geist-Kirche in Potsdam. Er war der
Verfasser einer „Land-, Kirchen- und Hauspostille". Sie 20
hatte seit 1749 mehrere Auflagen erfahren und wurde
auch in Minden-Ravensberg gelesen.[82] Seine Postille war
in der preußischen Provinz noch bekannt, aber vergriffen.
Hartogs „sonntägliches Erbauungs=Hausbuch" sollte
wohl im katholischen Paderborn die evangelischen Preu- 25
ßen geistlich versorgen. Das Fürstbistum Paderborn war
infolge des Reichsdeputationshauptschlusses von 1802 als
säkularisiertes, so genanntes „Erbfürstentum Paderborn" 1803 an Preußen gefallen, das nun mit Verwaltung
und Militär in der Hauptstadt Paderborn residierte.[83] 30

---

79 Vorrede der Verleger in: Hartog, Predigten, ²1836, [III] u. IV.
80 Vorrede der Verleger in: Hartog, Predigten, ²1836 [III]. – Dieser 2. Band
    ist m. W. nicht erschienen.
81 Siehe oben 18, Anm 40.
82 Vgl. Peters, Israel Clauder, 124 Anm. 647 und ders., Erweckung, 213.
83 Vgl. Harm Klueting, Geschichte Westfalens, 239–241.

Über den Verfasser der „nicht mehr vorhandenen Postillen Riese's", die auch im Vorwort des hartogschen
Predigtbandes genannt werden, kann man nur Vermu-
tungen anstellen. Sollte es sich um die viel gelesene
5 Evangelien=Postille von 1570 des lutherischen Theologen Johannes Gigas (1514–1581) handeln, die inzwi-
schen unter dem verdeutschten Namen „Riese" – für
das aus dem Griechischen stammende Gigas – nachge-
druckt worden sein könnte, oder um eine seiner ande-
10 ren zahlreichen Auslegungen biblischer Texte oder des
Lutherischen Katechismus? – Es ist nicht genau zu er-
mitteln.[84] Wesentlich ist, dass Hartog für würdig und
seine Theologie für angemessen genug gehalten wird,
um in diesen Jahren der Auseinandersetzungen um Un-
15 ion und Agende noch und wieder gedruckt zu werden.

Die Predigtbände trugen das pietistische Erbe seines
Wirkens als Prediger und Seelsorger in seiner eigen-
tümlichen Prägung – vor allem in Hinsicht auf die immer wieder aufgegriffenen Lebensfragen mit einem
20 Schuss Rationalismus – weit in die Erweckungszeit hinein. Er ist gleichsam die Brücke zwischen dem Pietismus des 18. und der Erweckung des 19. Jahrhunderts
in Minden-Ravensberg, für die vor allem der Name des
großen Erweckungspredigers Johann Heinrich Volke-
25 ning steht (1796–1877). Volkening war seit 1827 Pfarrer in Gütersloh; ein erster Zyklus von drei Predigten
erschien in diesem Jahr,[85] seit 1838 war er Pfarrer in
Jöllenbeck, hat dort am liebsten selbst jeden Sonntag
auf der Kanzel gestanden, aber auch zahllose Festpre-
30 digen im ganzen Land gehalten, eine mit Hartogs Pre-
digsammlungen – vor allem im Stile eines Hausbuches
– vergleichbare Sammlung von Predigten gibt es von

---

84 Vgl. ADB 9, 1879, 167; – D. Hölscher, Art. Postille, in: RE³ 15, 577–578,
    hier 578; (Christlieb †)/M. Schian, Art. Geschichte der christlichen Pre-
    digt, in: RE³ 15, 623– 747, hier 641.
85 Rische, Volkening, 28 f.

Volkening jedoch nicht. Offensichtlich wirkten Hartogs Predigtsammlungen noch reichlich in die Zeit Volkenings hinein, und Hartog blieb auf diese Weise auch nach seinem Tode noch über seine Zeit und seine Stadt Herford hinaus als Prediger im Gedächtnis. Er gehörte auch zu denen, die zu Lebzeiten die Frommen im Lande durch seine Art der Seelsorge und Predigt zusammenhielten. Vielleicht konnten seine gedruckten Predigten diesen Dienst noch eine Zeitlang wahrnehmen. Möglicherweise verband sich mit dem Paderborner „Erbauungs=Hausbuch" auch eine solche Absicht und Hoffnung.

Nicht nur in Bezug auf die Frage der Nachwirkungen Hartogs bleibt für die zukünftige Forschung noch viel zu tun. Nach meiner Wahrnehmung hat G. E. Hartog bisher unverdientermaßen verhältnismäßig wenig Beachtung in der Forschung gefunden. Da er eine Brückenfunktion hat von den Formen des Weiheschen Pietismus im 18. Jahrhundert zu den pietistischen Prägungen der Erweckungsbewegung im 19. Jahrhundert in Minden-Ravensberg und darüber hinaus, wäre m. E. eine gründliche Erarbeitung und Darstellung seiner Theologie und ihrer Wirkungen anhand seiner – gedruckten – Predigten unbedingt angesagt, um sicher zu stellen, was an Gedanken von ihm in der Erweckungsbewegung des 19. Jahrhunderts zu finden ist.

Karl Weihe wollte dem Leser eine „Lebensbeschreibung und Karakter=Schilderung" Gottreich Ehrenhold Hartogs geben. So soll schließlich Karl Weihe noch einmal zu Wort kommen mit einer kurzen Beschreibung dessen, was den Theologen, den Prediger und den Seelsorger Hartog auszeichnete: Er war ein Pastor, der „den sichern [Menschen] weckte, den Leichtsinnigen erschütterte, – aber auch den Niedergeschlagenen aufrichtete, den Trostbedürftigen tröstete, den Muthlosen belebte, den Trägen antrieb, den Schwachen stärkte,

den Unlautern strafte, den Ausschweifenden einschränkte – und auf diese Art für die geistigen Bedürfnisse aller zu sorgen beflissen war."[86]

---

86   Karl Weihe, Hartog, 70.

Abkürzungen

wie in: Theologische Realenzyklopädie · Abkürzungsverzeichnis
2. überarbeitete und erweiterte Aufl., zusammengestellt von Siegfried M. Schwertner · Berlin · New York 1992.

1000 Jahre
Löhne   = 1000 Jahre Löhne. Beiträge zur Orts- und Stadtgeschichte, hg. v. Heimatverein Löhne und Stadt Löhne, Löhne 1993.

Bauks   = Bauks, Friedrich Wilhelm: Die evangelischen Pfarrer von der Reformationszeit bis 1945, BWFKG 4, Bielefeld 1980.

BHLO   = Beiträge zur Heimatgeschichte der Städte Löhne und Bad Oeynhausen, Löhne 1978 ff.

BWFKG   = Beiträge zur Westfälischen Kirchengeschichte, Witten 1974, Bielefeld 1974 ff.

EG   = Evangelisches Gesangbuch (1993).

GdP   = Geschichte des Pietismus, Bd. 1–4; Göttingen 1993–2004.

JVWKG   = Jahrbuch des Vereins für Westfälische Kirchengeschichte.

JWKG   = Jahrbuch für Westfälische Kirchengeschichte (seit 1973).

PD   = Spener, Philipp Jakob: Pia desideria [...], hg. v. Kurt Aland, KlT 170, Berlin 3. Aufl. 1964, 2. Nachdruck 1982.

SS   = Spener Schriften, Nachdruck hg. v. Erich Beyreuther, Hildesheim 1979 ff.

Schriften von Gottreich Ehrenhold Hartog

Merkwürdige Bekehrung und heilige Taufhandlung des ehemaligen Juden-Schulmeisters Joseph Levi, gebürtig aus Dessau, wodurch derselbe zum Mitgliede der Christlich-evangelisch-lutherischen Gemeine aufgenommen, und Jacob Heinrich Treu genennet worden; nebst der vorhergegangenen Rede des Herrn Predigers Hartog zu Herford. Rostock 1783.

Drey Predigten von dem dreyfachen Stuffen-Alter im Christenthume. Gehalten und auf dringendes Verlangen einiger Freunde als Andenken zum Druck befördert, von G[ottreich] E[hrenhold] Hartog, Prediger zu Herford. Bielefeld 1806.

Predigten über die Fest- u. Sonntags-Evangelien des ganzen Jahres. Bielefeld 1806.

Predigten über die Fest- und Sonntags-Evangelien des ganzen Jahres. Ein sonntägliches Erbauungs-Hausbuch von G[ottreich] E[hrenhold] Hartog, weiland Prediger in Herford. 2. Aufl. Paderborn 1836.

Sechs Predigten vom Heimweh der Kinder Gottes. Zum Theil an Himmelfahrtstagen gehalten. Zum Besten der Armen bei diesen höchst dürftigen Zeiten. Bielefeld 1807.

Zehn Predigten von den inneren Anfechtungen des wahren Christen. Zum Besten der Armen. Bielefeld 1809.

Der Christ in dreyßig Predigten nach allen seinen Lagen und Christen-Tugenden aus den Sonntags-Evangelien vom 5ten bis 26ten Sonntage nach Trinitatis in den Jahren 1808 und 1809 geschildert. Nebst einem Anhange von zwey Predigten über das Evangelium am 27ten Trinitatis: von den zehn Jungfrauen. von G[ottreich] E[hrenhold] Hartog, Prediger zu Herford. Zum besten der Armen. Bielefeld 1810.

Sechs und zwanzig Paßions-Predigten über die gesammte Leidens-Geschichte unseres Herrn Jesu Christi. Geh[alten] von G[ottreich] E[hrenhold] Hartog. Th. 1-2: Das schöne Bild des Schönsten unter den Menschen-Kindern. [2]: In 14 Predigten über die sieben Worte Jesu am Kreuz, aus der Leidens-Geschichte auf Golgatha. Bielefeld 1813.

Quellen und Literatur

(Verweise auf Lexikonartikel finden sich in den Anmerkungen.)

Ackva, Friedhelm: Der Pietismus in Hessen, in der Pfalz, im Elsaß und in Baden, in: GdP 2, Der Pietismus im 18. Jahrhundert, hg. v. Martin Brecht und Klaus Deppermann, Göttingen 1995, 198–224.

Bauks, Friedrich Wilhelm: Die evangelischen Pfarrer von der Reformationszeit bis 1945, Bielefeld 1980 (BWFKG 4).

Benrath, Gustav Adolf: Die Erweckung innerhalb der deutschen Landeskirchen 1815–1888. Ein Überblick, in: GdP 3, Der Pietismus im neunzehnten und zwanzigsten Jahrhundert, hg. v. Ulrich Gäbler, Göttingen 2000, 150–271.

Bremme, Rüdiger: Johann Heinrich Broyer (1743–1820). Vom Leben eines armen, in Gott reichen Dorfschulmeisters in Falkendiek, in: Christian Peters (Hg.), Zwischen Spener und Volkening. Pietismus in Minden-Ravensberg im 18. und frühen 19. Jahrhundert, Bielefeld 2002, 201–261 (BWFKG 23).

Brecht, Martin: Einleitung, in: GdP 1, Der Pietismus vom siebzehnten bis zum frühen achtzehnten Jahrhundert, hg. von Martin Brecht, Göttingen 1993, 1–10.

Ders.: Das Aufkommen der neuen Frömmigkeitsbewegung in Deutschland, in: GdP 1, Der Pietismus vom siebzehnten bis zum frühen achtzehnten Jahrhundert, hg. v. Martin Brecht, Göttingen, 1993, 113–203.

Ders.: Philipp Jakob Spener, sein Programm und dessen Auswirkungen, in: GdP 1, Der Pietismus vom siebzehnten bis zum frühen achtzehnten Jahrhundert, hg. v. Martin Brecht, Göttingen 1993, 278–389.

Ders.: Der württembergische Pietismus, in: GdP 2: Der Pietismus im 18. Jahrhundert, hg. v. Martin Brecht und Klaus Deppermann, Göttingen 1995, 225–295.

Ders.: Der Hallische Pietismus in der Mitte des 18 Jahrhunderts – seine Ausstrahlung und sein Niedergang, in: GdP 2, Der Pietismus im 18. Jahrhundert, hg. v. Martin Brecht und Klaus Deppermann, Göttingen 1995, 319–357.

Ders.: Friedrich August Weihe (1721–1771). Pietistischer Pfarrer, Liederdichter und Vorläufer der Minden-Ravensberger Erweckungsbewegung, in: Christian Peters (Hg.), Zwischen Spener und Volkening. Pietismus in Minden Ravensberg im 18. und frühen 19. Jahrhundert; Bielefeld 2002, 129–200 (BWFKG 23).

Ders.: Die Bedeutung der Bibel im deutschen Pietismus, in: GdP 4, Glaubenswelt und Lebenswelten, hg. v. Hartmut Lehmann, Göttingen 2004, 102–120.

Chronik von Mennighüffen, 1818 bis 1886. Hg. v. Heimatverein der Stadt löhne e. V. [Löhne] 2008.

Faber, Wilhelm (Hg.): Die Reformationsthesen von Luther und Claus Harms im Hinblick auf brennende Zeitfragen, besonders die Bibelrevisionsfrage, neu herausgegeben, Leipzig 1885.

Gäbler, Ulrich: „Erweckung" – Historische Einordnung und theologische Charakterisierung, in: ders., „Auferstehungszeit". Erweckungsprediger des 19. Jahrhunderts. Sechs Porträts, München 1991, 161–186.

Ders.: Evangelikalismus und Réveil, in: GdP 3, Der Pietismus im neunzehnten und zwanzigsten Jahrhundert, hg. v. Ulrich Gäbler, Göttingen 2000, 27–84.

Ders.: Geschichte, Gegenwart, Zukunft, in: GdP 4, Glaubenswelt und Lebenswelten, hg. v. Hartmut Lehmann, Göttingen 2004, 19–48.

Geschichte des Pietismus. Im Auftrag der Historischen Kommission zur Erforschung des Pietismus hg. v. Martin Brecht, Klaus Depperman, Ulrich Gäbler und Hartmut Lehman. 4 Bde., Göttingen 1993–2004.

Hartog, Hans, u. a. (Bearb.): Stammtafel des Geschlechtes Hartog-Minden 1550–1937, Dortmund o. J. [1937].

Hauschild, Wolf-Dieter: Kirchengeschichte Lübecks. Christentum und Bürgertum in neun Jahrhunderten, Lübeck 1981.

Henche, Heinz: Kirchenchronik der Radewig. Rückschau auf 400 Jahre Gemeindeleben und 15 Pfarrergenerationen, in: 400 Jahre Radewiger Kirchweihfest, hg. i. A. der ev.-luth. Jakobi-Kirchengemeinde Herford von Jan Ochalski mit der Kirchenchronik der Radewig von Heinz Henche, Herford 1990 (Herforder Forschungen, Bd. 5), 9–114.

Heuberger, J. W.: Nothwendiges Handwörterbuch zur Erklärung aller in deutschen Büchern und Journalen vorkommenden fremden Wörter, Kunstausdrücken und Redensarten, Elberfeld ²1818.

Hüllinghorst, Bernd: „Vivat Brandenburg!" Zur Geschichte Löhnes im ‚alten Preußen' (1649–1806), in: 1000 Jahre Löhne, Löhne 1993, 135–151.

Kampmann, Jürgen (Hg.): Die Lutherische Konferenz in Minden-Ravensberg. Eine Festgabe zum 70. Geburtstag des Präses D. Karl Koch am 6. Oktober 1946, von Paul Klein†. In Erinnerung an den einstigen Superintendenten des Kirchenkreises Vlotho aus Anlaß des 125. Geburtstages herausgegeben, Bad Oeynhausen 2001 (Theologische Beiträge aus dem Kirchenkreis Vlotho, Heft 10).

Kirchengemeinde Löhne-Ort (Hg.): 300 Jahre Ev.-luth. Kirchengemeinde Löhne 1697–1997, unter Mitarbeit von Ulrich Althöfer u. a., Löhne 1997.

Kirn, Hans-Martin: Deutsche Spätaufklärung und Pietismus. Ihr Verhältnis im Rahmen kirchlich-bürgerlicher Reform bei Johann Ludwig Ewald (1748–1822), Göttingen 1998 (AGP 34).

Klueting, Harm: Geschichte Westfalens. Das Land zwischen Rhein und Weser vom 8. bis zum 20. Jahrhundert, Paderborn 1998.

Knackstedt, Wolfgang: Geschichte des Kreises Herford, in: ders., Chronik des Kreises Herford, Herford 1983, 27–148

Koechling, Ludwig Minden-Ravensberg und die Herrnhuter Brüdergemeine [1. Teil], in: JVWKG 53/54, 1960/61, 94–109; [2. Teil], in: JVWKG 55/56, 1962//63, 69–103

Lehmann, Hartmut: Engerer, weiterer und erweiterter Pietismusbegriff. Anmerkungen zu den kritischen Nachfragen von Johannes Wallmann an die Konzeption der Geschichte des Pietismus, in: PuN 29, 2003, 18–36

Ders.: Zur Charakterisierung der entschiedenen Christen im Zeitalter der Säkularisierung, in: PuN 30, 2004, 13–29.

Matthias, Markus: Collegium Pietatis und ecclesiola. Philipp Jakob Speners Reformprogramm zwischen Wirklichkeit und Anspruch, in: PuN 19, 1993, 46–59.

Ders.: Bekehrung und Wiedergeburt, in: GdP 4, Glaubenswelt und Lebenswelten, hg. v. Hartmut Lehmann, Göttingen 2004, 49–79.

Meyer, Dietrich: Zinzendorf und Herrnhut, in: GdP 2, Der Pietismus im 18. Jahrhundert, hg. v. Martin Brecht u. Klaus Depppermann, Göttingen 1995, 5–106.

Mooser, Josef (Hg.): Frommes Volk und Patrioten. Erweckungsbewegung und soziale Frage im östlichen Westfalen 1800–1900, Bielefeld 1989.

Müller, Heinrich: Gott ist mein Gut. Eine Auswahl aus den geistlichen Erquickstunden. Eingeleitet und hg. v. Rudolf Mohr, Stuttgart 1964 (Steinkopf Hausbücherei 31).

Müller, Heinrich und Müller-Kolck, Ulrich: Kleine Geschichte Bergkirchens. (Kreis Minden-Lübbecke), Berlin 2008

Niemann, Friedrich: Pastor Gottreich Ehrenhold Hartog. Ein Zeuge des Evangeliums in dürrer Zeit, Herford 1914.

Pape, Rainer: Sancta Herfordia. Geschichte Herfords von den Anfängen bis zur Gegenwart, Herford 1979.

Peters, Christian: Pietismus in Westfalen, in: GdP 2, Der Pietismus im 18. Jahrhundert, hg. v. Martin Brecht und Klaus Deppermann, Göttingen 1995, 359–371.

Ders.: Israel Clauder (1670–1721). Hallischer Pietismus in Minden-Ravensberg, in: ders. (Hg.), Zwischen Spener und Volkening. Pietismus in Minden Ravensberg im 18. und frühen 19. Jahrhundert, Bielefeld 2002 (BWFKG 23), 9–127.

Ders.: Zur Vorgeschichte Volkenings. Die Frommen Minden-Ravensbergs auf dem Weg ins 19. Jahrhundert, in: PuN 30, 2004, 62–90; dass. in: JWKG 100, 2005, 143–172.

Ders.: Erweckung auch im Osnabrücker Land. Aus den Briefen des Hoyeler Pfarrers Anton Gottfried Hambach (1736–1819) an den Zentralausschuss der Deutschen Christentumsgesellschaft in Basel, in: JWKG 100, 2005, 173–225.

Ders.: Die „Versmolder Bewegungen" von 1748 ff. Eine westfälische Erweckung vor der Erweckung, in: JWKG 102, 2006, 139–216.

Ders.: Ganz Vlotho scheint sich aufzumachen. 10 Aktenstücke zu den durch Friedrich August Weihe (1721–1771) angestoßenen Erweckungen in Vlotho, Exter und Lippstadt, in: JWKG 103, 2007, 75–108

Prött, Friedrich: Leben Friedrich Augst Weihe's, vormals Prediger zu Gohfeld im Fürstenthum Minden, in: Sonntags=Bibliothek. Lebensbeschreibungen christlich=frommer Männer zur Erweckung und Erbauung der Gemeine, hg. v. A[ugust Dietrich] Rische. Eingeleitet von A[ugust Gottreu] Tholuck, Bd. 6, Bielefeld 1855.

Rische, August: Johann Heinrich Volkening. Ein christliches Lebens= und kirchliches Zeitbild aus der Mitte des neunzehnten Jahrhunderts, Gütersloh 1919, hier zit. aus der 2. Aufl., hg. v. der Arbeitsgemeinschaft: Bekennende Gemeinde, Oesingen 1999.

Rösche, Gerhard: Die Weihes. Vom Wirken einer Pfarrerfamilie im Löhner Land, in: BHLO 8/9, 1982, S. 9–42.

Ders.: [Aus der Geschichte der Kirchengemeinde Gohfeld:] Von den Anfängen bis zum Ende des 19. Jahrhunderts (nach Karl Kornfeld „Geschichte des Kirchspiels Gohfeld"), in: 950 Jahre Kirche in Gohfeld, hg. v. der Evang. Kirchengemeinde Gohfeld, Bad Oeynhausen (Wittekindshof) 1985, 13–27.

Rothert, H[ugo]: Die Minden=Ravensbergische Kirchengeschichte, II. Reformation und Pietismus, JVWKG 29, 1928.

Rottschäfer, Ulrich: Die Erweckungsbewegungen des 18. und 19. Jahrhunderts. Ihre Impulse auf und aus Gemeinden des Kirchenkreises Vlotho, in: Kirche an Weser und Werre. 150 Jahre Kirchenkreis Vlotho, hg. v. Kirchenkreis Vlotho, Bad Oeynhausen o. J. [1991], 22–41.

Ruhbach, Gerhard: Die Erweckungsbewegung und ihre kirchliche Formation, in: Die Geschichte der Evangelischen Kirche der Union. Bd. I: Die Anfänge der Union unter landesherrlichem Kirchenregiment (1817–1850), hg. v. J. F. Gerhard Goeters und Rudolf Mau, Leipzig 1992, 159–174.

Schilling, Leberecht: Das Herfordische Gesangbuch als Spiegel der Stadtgeschichte. Die Auseinandersetzungen um die Neuauflage 1791. In: Am Beginn einer neuen Zeit. Herford zur Jahrhundertwende – um 1800 zu Revolutionszeit – um 1848, hg. v. Herforder Verein für Heimatkunde e. V., Wolfgang Otto. (Freie und Hansestadt Herford, Bd. 15), Leopoldshöhe 1998, 41–51.

Schlichthaber, Anton Gottfried: Mindische Kirchengeschichte, 5 Teile 1749–1755, Neudruck in 2 Bänden, Osnabrück 1979.

Schwettmann, Carl: Geschichte der Kirche und Gemeinde St. Jacobi auf der Radewich in Herford. Mit Bezugnahme auf die Entstehung und Entwicklung der Abtei und Stadt Herford. 2. Aufl. mit 3 Nachträgen über die Geschichte von Herford und Enger, Herford 1884.

Seidel, Christoph Matthäus: Pietistischer Gemeindeaufbau in Schönberg/Altmark 1700–1708. Hg. v. Peter Schicketanz, Leipzig 2005 (KTP 10).

Spener, Philipp Jakob: Pia desideria: oder Hertzliches Verlangen Nach Gottgefälliger Besserung der wahren Evangelischen Kirchen/sampt einigen dahin einfältig abzweckenden Christlichen Vorschlägen Philipp Jacob Speners D. Predigers und Senioris zu Franckfurt am Mayn [...] M DC LXXVI, hg. v. Kurt Aland, KlT 170, Berlin 3. Aufl. 1964, 2. Nachdruck 1982; dass. in: Die Werke Philipp Jakob Speners. Studienausgabe, Bd. I: Die Grundschriften, Teil 1. In Verb. mit Beate Köster hg. v. Kurt Aland, Gießen, Basel 1996, 55–407.

Thimme, Hans-Martin: Hilmar Ernst Rauschenbusch – ein Vater der Erweckung, in: JWKG 97, 2002, 65–103,

Ders.: August Rauschenbusch (1816–1899). Lutherischer Pfarrer in Westfalen und baptistischer Dozent in Amerika, Bielefeld 2008 (BWFKG 33).

Vereinsring Löhne-Ort e. V. (Hg.): 850 Jahre Löhne-Ort. Eine kleine Chronik in Worten und Bildern, Löhne 2000.

Vogelsang, Reinhard: Geschichte der Stadt Bielefeld, Bd. I: Von den Anfängen bis zur Mitte des 19. Jahrhunderts, Bielefeld (1980) [2]1989.

Weigelt, Horst: Der Pietismus im Übergang vom 18. zum 19. Jahrhundert, in: GdP 2, Der Pietismus im 18. Jahrundert, hg. v. Martin Brecht u. Klaus Deppermann, Göttingen 1995, 700–734.

[Weihe, Karl Justus Friedrich:] Leben und Charakter Friedrich August Weihes, Predigers zu Gohfeld im Fürstenthume Minden. Ein Beytrag zu den Nachrichten von dem Charakter und der Amtsführung rechtschaffener Prediger und Seelsorger, Minden 1780.

[Weihe, Karl Justus Friedrich, Auszug aus:] Das Leben des seligen F. A. Weihe, vormals Prediger zu Gohfeld im Fürstenthum Minden, Gütersloh o. J. (etwa Mitte 19. Jhdt.)

Weihe, Karl: Gottreich Ehrenhold Hartog, der als wohlverdienter Prediger auf der Radewig in Herford, nach fünfzigjähriger Amtsführung im 78sten Lebensjahre den 2ten Januar 1816 gestorben, in seinem Leben und Wirken geschildert: nebst Beantwortung einiger Fragen über Pietismus, Herford 1820. – Neudruck: Weihe, Karl: Was ist Pietismus? – Das Leben und Wirken des Pfarrers Gottreich Ehrenhold Hartog (1739–1816), hg. v. Christof Windhorst, Leipzig 2010 (Edition Pietismustexte, Bd. 2).

Whorf, Benjamin Lee: Sprache, Denken, Wirklichkeit. Beiträge zur Metalinguistik und Sprachphilosophie, hg. und übers. v. Peter Krausser, Reinbek 1963 [³1979] (Rowohlts deutsche Enzyklopädie 174).

Windhorst, Christof: Die Anfänge des Kirchenkreises Vlotho, in: Kirche an Weser und Werre. 150 Jahre Kirchenkreis Vlotho, hg. v. Kirchenkreis Vlotho, Bad Oeynhausen o. J. [1991], 9–21.

Ders.: Kirchengeschichte in Löhne; in: 1000 Jahre Löhne, Löhne 1993, 323–346.

Ders.: 950 Jahre Kirchengeschichte in Mennighüffen, in: Chronik Mennighüffen zum 950. Jubiläum Mennighüffens, hg. v. Wolfgang Böhm, o. O. [Löhne] 2005, 25–122.

Ders.: Theologie mit Herz bei Martin Luther und „Herzensfrömmigkeit" im Pietismus, in: WuD 28, 2005, 157–181.

Ders.: Spener und die Gemeinde, in: Philipp Jakob Spener – Leben, Werk, Bedeutung. Bilanz der Forschung nach 300 Jahren, hg. v. Dorothea Wendebourg, Tübingen 2007, 159–186 (Hallesche Forschungen, Bd. 23).

Ders.: Anfänge der Erweckungsbewegung in Minden-Ravensberg und bleibendes Erbe von Friedrich August Weihe und Johann Heinrich Volkening, in: WuD 29, 2007, 127–145.

Ders.: Gottreich Ehrenhold Hartog (1738–1816), Schüler Friedrich August Weihes und Freund der Herrnhuter, in: JWKG 105, 2009, 161–189.

Zeugen und Zeugnisse aus Minden-Ravensberg, 2 Bde., neu dargeboten von W. Heienbrock sen. [Hg.], Bethel bei Bielefeld 1931, Nachdruck Bielefeld 1990.

zur Nieden, Heinrich W.: Die religiösen Bewegungen im 18. Jahrhundert und die evangelische Kirchen in Westfalen und am Niederrhein, Gütersloh 1910.

Editorische Notiz

Druckvorlage

Die hier vorgelegte Edition der Biographie des Pfarrers Gottreich Ehrenhold Hartog mit der vorangestellten, sieben Kapitel umfassenden „Beantwortung einiger Fragen über Pietismus" gibt den Druck wieder, der 1820 unter dem Titel erschien: „Gottreich Ehrenhold Hartog, der als wohlverdienter Prediger auf der Radewig in Herford, nach fünfzigjähriger Amtsführung im 78sten Lebensjahre den 2ten Januar 1816 gestorben, in seinem Leben und Wirken geschildert: nebst Beantwortung einiger Fragen über Pietismus von Karl Weihe, Prediger zu Mennighüffen im Fürstenthum Minden. Herford 1820". Diesem Druck, von dem eine weitere Auflage nicht bekannt ist, wurde „als Beilage" mit eigener Seitenzählung die von Karl Weihe 1816 in Herford gehaltene „Gedächtnißpredigt" angehängt. Sie wird hier nicht mit abgedruckt.

Textgestalt

Der Buchstabenbestand des Textes wurde so beibehalten, wie er sich darbietet und insgesamt in lateinische Antiqua gesetzt. Nur ganz offensichtliche Druckfehler wie z. B. ein um 180° gedrehtes „n" anstelle eines „u" wurden stillschweigend verbessert. Gesperrt gedruckte Worte wurden normal und kursiv wiedergegeben, ebenso in Antiqua hervorgehobene Fremdwörter. Umlaute, die bei kleinen Buchstaben im Druck durch ein kleines darüber gesetztes „e", bei großen Buchstaben durch ein angefügtes „e" – „Ae" oder „Ue" – gekennzeichnet sind, wurden in moderner Schreibweise wiedergegeben; Orthographie, Zeichensetzung und ungebräuchliche Formen der Deklination, z. B. Akkusativ statt zu erwartendem Dativ, der Vorlage wurden beibehalten. Das typographische Kürzel & wurde jeweils mit „etc." wiedergegeben. Wortergänzungen sind in spitze Klammern gesetzt, z. B. „der seel.‹ige›".

Dank

Dem hier wiedergegebenen Text liegt ein Druck aus der Bibliothek der Franckenschen Stiftungen in Halle/S. zugrunde (Thol. XIII 242). Zu danken ist Frau Birgitta Hartog, Bad Oeynhausen, für die Öffnung des Hartogschen Familienarchivs und Frau Christa Seidel, Löhne, im Archiv der Evangelisch-Lutherischen Kirchengemeinde Mennighüffen, die Material und Informationen zur Drucklegung und Kommentierung zur Verfügung gestellt haben. Besonderer Dank gilt den Mitherausgebern Prof. Dr. Hans-Jürgen Schrader, Genf, und, auch als Redaktor, Pastor Günter Balders, Berlin, für manchen Rat und die hilfreiche Begleitung der Arbeit.

Friedrich Christoph Oetinger

Genealogie der reellen Gedancken eines Gottes-Gelehrten

Eine Selbstbiographie

Edition Pietismustexte,
Band 1

264 Seiten, Paperback
ISBN 978-3-374-02797-2
EUR 34,00 [D]

Die aus der Handschrift neu edierte Autobiographie des württembergischen Theologen Friedrich Christoph Oetinger (1702–1782) zeigt, wie er – von seinen Zeitgenossen oft missverstanden – auf das Verständnis künftiger Generationen hofft. Das geschieht ohne Pathos. Aber Betroffenheit spürt man, etwa wenn es um seine Kritik an der Philosophie und Theologie der Aufklärung geht, um das Verhältnis zum radikalen Pietismus, um seine alchemistischen Versuche, die Stellung zu Swedenborg und Oetingers freundschaftliche, aber höchst konträre Begegnungen mit Zinzendorf. Oetingers zentrale Erkenntnis ist: Die von Gott geschaffene Natur dient als Verstehenshilfe für die Heilige Schrift. Wer in beiden lese, komme zu einem Gesamtsystem der Wahrheit, der „Heiligen Philosophie". Ergänzt wird die Edition durch einen Überblick zur Druckgeschichte des Werkes.

EVANGELISCHE VERLAGSANSTALT
Leipzig

www.eva-leipzig.de

Matthias Albani

Daniel

Traumdeuter und
Endzeitprophet

*Biblische Gestalten,
Band 21*

208 Seiten, Paperback
ISBN 978-3-374-02717-0
EUR 19,80 [D]

Daniel ist eine der bekanntesten Gestalten der Bibel,
ein unerschütterlicher Glaubensheld, der sich an
heidnischen Königshöfen trotz aller Anfechtung treu
zu seinem Gott bekennt. Durch Weisheit und die
göttliche Gabe der Traumdeutung gilt der standhafte
Märtyrer seit jeher als Vorbild des Glaubens.

Die literarische Besonderheit des Buches liegt in
der Beschreibung der apokalyptischen Visionen des
Propheten, in denen sich eine für heutige Leser oft
rätselhafte und bizarre Gedanken- und Bilderwelt
auftut. „Daniel – Traumdeuter und Endzeitprophet"
gibt eine allgemeinverständliche Einführung in die
theologische und literarische Eigenart des biblischen
Danielbuches, wobei besonders die religionsge-
schichtlichen Hintergründe der biblischen Texte
beleuchtet werden.

EVANGELISCHE VERLAGSANSTALT
Leipzig

www.eva-leipzig.de

Ulrich Berges

Jesaja

Das Buch und der Prophet

Biblische Gestalten,
Band 22

248 Seiten, Paperback
ISBN 978-3-374-02752-1
EUR 19,80 [D]

Jesaja ben Amoz, der Jerusalemer Prophet aus dem letzten Drittel des 8. Jhd. v. Chr. gehört zu den größten Gestalten der biblischen Literatur und ihrer Wirkungsgeschichte. Doch wer zum Propheten will, der ist zuerst auf das Buch verwiesen, das seinen Namen trägt: Yesha'yahu=JHWH rettet. Dieser Name ist Titel und Programm zugleich, denn von nichts Wichtigerem handelt dieses prophetische Buch als vom Rettungswillen und von der Rettungsmacht des Gottes Israels durch alle Tiefen der Geschichte seines Volkes von der Zeit der assyrischen Bedrohung (8.-7. Jhd.) über die babylonische Gefangenschaft (ab 597–539) bis hin zur Restauration und Rückkehr unter persischer Herrschaft (ab 539 bis 333 v. Chr.).

EVANGELISCHE VERLAGSANSTALT
Leipzig

www.eva-leipzig.de

Klaus-Michael Bull

**Türkei – Mittleres und
östliches Kleinasien**

Städte und Landschaften
an den Wegen des
Apostels Paulus

EVAs Biblische Reiseführer

216 Seiten, Paperback
ISBN 978-3-374-02610-4
EUR 19,80 [D]

Klaus-Michael Bull folgt den Spuren des Apostels
Paulus und der frühen Christen des 1. und 2. Jh.s n.
Chr. zwischen der syrischen Hauptstadt Antiochia
und der alten hethitischen Metropole Hattuscha. Die
Darstellung orientiert sich an den Provinzen des
Imperium Romanum, zu denen jeweils eine kurz
gefasste historische und archäologische Einführung
geboten wird. Unter den besprochenen Städten befinden sich die Stationen der paulinischen Missionsrei-
sen wie Antiochia in Pisidien als auch solche, die die
Geschichte des frühen Christentums geprägt haben,
beispielsweise Tarsus.

EVANGELISCHE VERLAGSANSTALT
Leipzig

www.eva-leipzig.de